JN303610

地域実践心理学

支えあいの臨床心理学へ向けて

中田行重・串崎真志【著】
NAKATA Yukishige & KUSHIZAKI Masashi

ナカニシヤ出版

目　　次

第 1 章　地域実践心理学への第一歩 …………………………………… 1
　第1節　心理学から離れていく学生たち　1
　第2節　人と人との間に生まれる心理学　2
　第3節　カップリングの思想　3
　第4節　地域実践のほうへ　4

第Ⅰ部　地域実践心理学の基礎理論

第 2 章　臨床心理学の概観 ……………………………………………… 7
　第1節　心の問題の把握と援助　7
　第2節　「心の問題」を判定する基準　8
　第3節　心理査定　10
　第4節　臨床心理学援助　11
　第5節　臨床心理学から地域実践心理学へ　14

第 3 章　心理療法の3つの学派 ………………………………………… 17
　第1節　精神分析　17
　第2節　来談者中心療法　20
　第3節　行動療法　23

第 4 章　心の病・障害の理解 …………………………………………… 27
　第1節　神経症　27
　第2節　精神病　29
　第3節　人格障害　30
　第4節　心身症　33
　第5節　PTSD（Post Traumatic Stress Disorder,心的外傷後ストレス障害）　34
　第6節　児童虐待およびDV（Domestic Violence,家庭内暴力）　34
　第7節　摂食障害　35
　第8節　発達障害　36
　第9節　認知症（痴呆）　38

第 5 章　臨床教育学 ……………………………………………………… 39
　第1節　臨床教育学とは　39
　第2節　教育現場を考える―たとえば不登校のこと―　40
　第3節　臨床教育学の社会的背景　43

第 6 章 子どもの成長の理解 …………………………………………… 47
第 1 節 少子社会と子ども観　47
第 2 節 0歳児の世界　49
第 3 節 1歳児の世界　52
第 4 節 2歳児の世界　54
第 5 節 3歳児の世界　55
第 6 節 4歳児の世界　57
第 7 節 5歳児の世界　59

第 7 章 基礎心理学から学ぶ …………………………………………… 63
第 1 節 睡眠の不思議　63
第 2 節 視覚の不思議　67
第 3 節 まとめ　72

第Ⅱ部　地域実践心理学の基礎技法

第 8 章 カウンセリングの実際 ………………………………………… 75
第 1 節 カウンセリングの実際のプロセス　75
第 2 節 受理面接（インテーク面接）の実際　76
第 3 節 カウンセリングの技法　77
第 4 節 カウンセリングの留意事項　81

第 9 章 プレイセラピーの実際 ………………………………………… 87
第 1 節 遊びの意義　87
第 2 節 プレイセラピーのアセスメント　88
第 3 節 プレイセラピーの導入　89
第 4 節 プレイセラピーの展開　90
第 5 節 様々なプレイセラピー　92
第 6 節 プレイセラピーと文化　93

第10章 実践者としての成長 …………………………………………… 97
第 1 節 カウンセリングの技術　97
第 2 節 エンカウンター・グループ　99
第 3 節 フォーカシングおよび芸術・表現技法　99
第 4 節 ボランティア活動　101
第 5 節 ディベイト／ディスカッション　102
第 6 節 グループ作り　103

第11章 体験課題集 ……………………………………………………… 107
第 1 節 体験的な学習　107

第2節　ブラインドウォーク　108
第3節　リラクセーション　109
第4節　Music Focusing（音楽フォーカシング）　112
第5節　Silent Painting（沈黙の描画）　113
第6節　イメージゲーム　114
第7節　お話作り（Story-Telling）　116

第Ⅲ部　地域実践心理学の活動

第12章　地域実践心理学の現場 …………………………… 119
第1節　様々なボランティア　119
第2節　親子教室／子育て支援／共同保育　120
第3節　思春期グループ／セルフヘルプ・グループ／フリースクール　121
第4節　児童養護施設／障害者施設　122
第5節　学童保育　123
第6節　家庭教師／学習支援　123
第7節　キャンプ療法／合宿治療　125
第8節　子ども会，少年団，青年会議所などの地域活動　125

第13章　地域実践心理学の研究 …………………………… 129
第1節　なぜ研究するのか　129
第2節　調査法　130
第3節　研究の始まり　133
第4節　質的研究　135
第5節　環境へアプローチする心理学　137

あとがき　141
索　引　143

1 地域実践心理学への第一歩

1　心理学から離れていく学生たち

　本書は，地域実践心理学という，めずらしいタイトルのついた教科書です。目次を見ていただいたらわかるように，ものすごく新しいことが書いてある，というわけではありません。むしろ，大学1年生から使える，心理学のやさしいテキストをめざしたつもりです。にもかかわらず，私たちは「地域実践心理学」というタイトルにこだわりました。私たちがどうしてこういう名前をつけたのか，「地域実践」という言葉に，どのような思いを込めたのか，まずは，そこから説明しなければなりません。

　心理学の入門書のはじめに，このようなことを言うのも変なのですが，心理学を少し学んで，「やっぱりおもしろくない」とほかの専攻に移る学生（あるいは，やる気をなくしてしまう学生）が，少なからずいます。彼らが，なぜ心理学から離れていったのか，じっくり考えたことのある人は少ないでしょう。なぜなら，学問というのは，自分の枠組み（対象や方法など）に入らないものについては，あまり関心をもたないからです。「まあ，仕方がないな」「○○学のほうが向いているのでは」と，なってしまうのです。

　しかし，その理由を問うてみることは，とても重要です。そこには，現在の心理学の「足りない」ところや，「偏っている」ところがあるかもしれません。ほかの専攻に移った学生に聞いたわけではありませんが，たとえばこんな理由が考えられるでしょう。臨床心理学の授業では，心の病について勉強します。心理検査や心理療法の諸理論についても学ぶでしょう。これらは，本書の各章

でもふれている通りです。

　最初は興味深いのです。「心の病には，こんな意味があったのか」とか，「心理検査で，こんなことがわかるんだ」とか，「こんなふうに理解すればいいのか」など，その魅力にひきこまれていくでしょう。たしかに，臨床心理学には，謎解きのようなおもしろさがあります。ところが，もう一歩踏み込んで考えると，そこでの意味や理解が，何か一方的な感じに思えてきます。「私」がいて「あなた」がいて，そこから生まれるものを見つめているのではなく，「私」が「他者」を一方的に議論している。そういう「一方向性」を，心理学がもっているように感じるのです。こうして，自分と心理学の間に何も生み出さないと思った時，学生たちは心理学から離れていくのかもしれません。

　「いや，そんなことはない」という心理学者もいるでしょう。「関係性」を扱ったり，「質的」側面を見ようとしたり，いろいろあるじゃあないか，と。たしかに，そうなのです。いま，心理学は，必死で道を模索しようとしています。地域実践心理学も，そのひとつの試みと言えるでしょう。ただし，どうしてその道なのか，その背景を問うことが必要だと私は思っています。いわば，心理学の理念や思想です。ここを押さえておかないと，いくら「関係性」や「質」や「地域実践」をうたっても，やはり「一方向性」はそのままになってしまうでしょうから。

2　人と人との間に生まれる心理学

　私たちは，「地域実践」という言葉に，「人と人との間に生まれる心理学」という思いを込めました。少し別の角度から考えてみましょう。臨床心理学者の田中健夫さんは，大学教育について論じる中で，「人と人との間にある知」について書いています。

> 　ここで問題となる知識は，習得されるべき"固定した知"というよりは，"人と人との間にある知"とでも言うべきものではないか，と筆者は考える。前者は，決まっている固定した知識を獲得していくことであり，高校までの"勉強"でなされている部分である。一方，大学で問題とされる知識は，関係を知ろうとする課題についてのものであり，自分の内面と結びついた意味をもち，他者

とのつながりが含まれる。それは固定されていない，他者との間にある知である（田中，2005）。

「受けとる他者がいて成立する学び」と，彼は言います。あらゆる「知」は，人と人との間に生まれるのだ，と。考えてみれば，ごくあたりまえのことかもしれません。ところが，これを実践するのは，なかなかむずかしい。臨床心理学を授業していて反省するのは，教えるべき内容（基礎知識とか基礎技法とか）があって，受講生がいて，一方的に伝えて，それで終わってしまうことです。学ぶ側から言えば，「こんな意味がある」「こんなことがわかる」「こう理解しなさい」と，一方的に注入されて，そこから先がありません。このような点に，ある種の「傲慢さ」「おしつけがましさ」を感じた人が，心理学から離れていくのでしょう。

なぜこのようなことになるのでしょうか。私の授業の力量を棚上げするなら，臨床心理学そのものの中に，このような「一方向性」があるのではないかと思っています。たとえば，専門性を言うあまり，「知」の独占がなされていないか，という再検討も必要でしょう。また，臨床心理学が「謙虚」であるためには，どのような背景，理念，思想が必要かという議論も重要です。

3 カップリングの思想

そのひとつとして，ここでは，児童文学者である村瀬学さんの「カップリングの思想」を紹介しておきましょう。彼は，人間（もっと言えば「いのち」）を，「単体」（シングル）ではなく「双対」（カップリング）として見るべきだ，と言います。そして，1枚の子どもの絵を指して，次のように書いていました。

> この絵には，まさに環界と組み合っている生物の姿がある。でも，見る人によっては，あるいは見る角度によっては，そういうふうにこの絵を見ることができない人もいるだろう。たぶん，何人かの人は，この絵を見て，ここに「ひとり」の人がいる，というかもしれない。「ひとり」という言い方でなければ，「単体（シングル）」がそこにいるという見方である。

しかし，見ているとわかるように，ここに描かれている人は，生きているわけで，今の瞬間においても息をし，重力に抗することで環界と交わっている。この絵にはだから，空気と温度と重力と飲み水があり，生き物がそういう「相手」と共にいる様子が描かれている。その相手は，見える姿はしていないけれど，ここには「相手」がいるのだ。つまりここには，生き物が「単体（シングル）」ではなく，つねに「双体（カップル）」として生きている様子が描かれているのである。
　私は，この生き物の根本の存在の仕方を，「双体（カップル）」を生きるという意味で「カップリング」と呼ぶことにする（村瀬，2004, pp.29-30）。

　人はひとりでは生きられない。たとえ，ひとりで生きているように見えても，そうではないんだ，ということです。彼の考え方のすばらしい点は，このようなあり方を，「身近な暮らしの中に」，あるいは「共に暮らす人々の中に」見出そうというところ。ここに，私たちの言う「地域実践」との接点が出てきます。社会心理学者の杉万俊夫さんが，「集合性－生活者パラダイム」（杉万，1996, p.236）と呼んでいることも，近いかもしれません。
　村瀬さんは，哲学や社会学や心理学で使われる「他者」という言葉を好みません。カップリングの意味を込めた，「あなた」という言葉を使っています。「『あなた』というのは，日常の生活からかけ離れた存在者ではない。むしろ，最も身近に感じる支え手＝カップリングの相手のことである」（村瀬，2004, p.61）。そして，「『カップリング』を感じとるとは，そこに『よびかけ』る『相手』を集中して感じとるという体験」（村瀬，2004, p.92）だと言うのです。
　臨床心理学の中に，はたして，どれだけ「あなた」の存在論があるのか。このことを問い直すのも，地域実践心理学の大切な課題でしょう。

4　地域実践のほうへ

　なぜ「地域実践」なのか。次に，臨床心理学の動向から考えてみましょう。まず，臨床心理学の主要な活動領域が，面接室の内側にとどまる臨床から，面接室の外へ出向く臨床へと，広がりを見せていることが挙げられます（第2章でふれます）。第二に，心理学的支援の担い手が，専門家による援助から，地

域で取り組む活動へと広がってきていることもあるでしょう。

　地域実践心理学で言う「地域」は，専門家が援助の対象として見る「コミュニティ」とは異なります。そこには，「私」と「あなた」という関係で生み出される「場」という，意味あいが込められています。同じ市民としての横からのまなざし，生活という視点を大切にしながら，エンパワメント（empowerment）やストレングス（strength）に力点をおいた実践を目指す。たとえば，学校教育について考える場合でも，スクールカウンセリングという視点だけでなく，広く地域の人びとがどう参画できるかを含めて考えていきます。これらはもちろん，専門家の役割を否定するものではありません。

　これからの支援は，ボランティア（渥美, 2001）やセルフヘルプ・グループ（高松, 2004）が中心となるでしょう。専門家は，その活動を背景から支えるような構造になっていくと思います。その意味で，本書は，「心理学の専門家にはならないけれども，ボランティアやグループ活動を通して，広く地域とかかわっていきたい」皆さんに，まず読んでほしいと思います。また，そのような読者が，臨床心理学について学ぶのに適した教科書と言えるでしょう。各章は，独立しているので，どこから読んでもかまいません。どうぞ関心のある章から開いてみてください。

　「グローバルに考え，ローカルに活動する」（Think Globally, Act Locally）という言葉があります。さらに，渥美さんによれば，抽象的に考えること（Think Abstractly）も重要です（渥美, 2001, p.85）。これは，地域実践心理学の姿勢でもあるでしょう。また，高松さんは，グループの目的として，「問題の解決や軽減」「問題とのつきあい方を学ぶ」「安心していられる場所を作る（居場所作り）」「情報交換」「社会に対して働きかけをする」の5つを挙げました（高松, 2004, pp.14-15）。これはそのまま，地域実践心理学の目的になるでしょう。

　はたして，心理学の「知」は，地域でどのように共有できるのか。地域実践心理学の目標は，その原理を実践的に考えることにあります。それでは，このことを念頭におきながら，臨床心理学の世界へ一歩を踏み出しましょう。

（串崎真志）

文　献

渥美公秀　2001　ボランティアの知―実践としてのボランティア研究（大阪大学新世紀セミナー）　大阪大学出版会

村瀬 学　2004　カップリングの思想―「あなた」の存在論へ　平凡社

杉万俊夫　1996　震災に思う心理学者の陥穽　城 仁士・杉万俊夫・渥美公秀・小花和尚子編　心理学者がみた阪神大震災―心のケアとボランティア　ナカニシヤ出版, pp.217-246

髙松 里　2004　セルフヘルプ・グループとサポート・グループ実施ガイド―始め方・続け方・終わり方　金剛出版

田中健夫　2005　修学上の移行の契機となる行き詰まりの性質―学生相談からの示唆　溝上慎一・藤田哲也編　心理学者，大学教育への挑戦　ナカニシヤ出版

2 臨床心理学の概観

　地域実践心理学は地域社会という視点から対人援助や地域の活性化を行うものです。したがって，その基礎学のひとつとして臨床心理学を学んでおく必要があります。臨床心理学とは，心の問題を抱えた人に対する援助の学問です。ですから，臨床心理学を学ぶということは，「心の問題とはどのようなものか」を学ぶことと，「問題を抱える人をどう援助するか」を学ぶ，ということになります。

1　心の問題の把握と援助

　私たちの多くは何かしら悩みや迷いをもって生きています。「自分は悩みも迷いもない」と言っている人でも心に傷を負っていることはあります。かと言って私たちが皆，臨床心理の専門家にお世話になるわけではありません。多くの人は悩みや迷い，心の傷をもちながらも，専門家のお世話になることなく何とか乗り越えて生きているのです。では，臨床心理学が援助の対象とする，心の問題をもった人とはどのような人を言うのでしょうか。
　まず，「心の病」をもった人が対象になります。「心の病をもった人」とは神経症や心身症，精神病や人格障害などと言われる，一般に心（または脳）の病気と言われている苦痛や症状，あるいは行動や思考パターンをもった人です。しかし，心の病をもっていない人も臨床心理の援助の対象になります。病気でもないのになぜ？と読者の皆さんは思うかもしれません。しかし，悩みが深くて自分ひとりでどうにも解決できない場合，たとえ「病気」ではなくても，専門家の援助を求めることはあるのです。

心に問題があることがわかったら，臨床心理学的援助が開始されます。その援助の仕方には多くの方法があり，援助の方法を調べ，学ぶことは臨床心理学の大きな分野のひとつです。通常用いられる援助の方法としては，個人カウンセリング（心理療法とも呼ばれるが，ここではカウンセリングと呼ぶことにします），グループ・アプローチ，プレイセラピー，芸術・表現療法，心理教育などがあります。

このように心の問題や状態を把握するための心理査定と，それに対する臨床心理学的援助が，臨床心理学の大きな2本柱です。この2本の柱はそれぞれ大きな領域なので，1本だけでも十分に学ぶことは容易ではありません。ですから，心理臨床の専門家には，そのどちらも専門という人もいますが，どちらか1本だけを専門としているという人もたくさんいます。皆さんは地域実践心理学を学ぶ上でその両方を，少なくとも入門的な知識だけでも学んでおく必要があります。ここで，その両者をもう少し詳しく学んでおきましょう。

2 「心の問題」を判定する基準

心の問題があるかどうかという判断はなかなかむずかしいものです。心の病があるかどうかについては，一般に通用している見分け方の方法，すなわち診断マニュアルというのがあって，それによって決めています。ではその診断マニュアルの前提となっている判断基準はどのようなものでしょうか？　ここではBootzin & Acocella（1988）による定義を紹介しておきましょう。

1. Norm Violation（その行為や考え方，感じ方は社会的な規範，慣習に合わない，大きく逸脱している）
2. Statistical Rarity （そのような状態，行為，考え方や感じ方は統計的に見て全体の中では少ない）
3. Personal Discomfort（自分の状況などが社会的には問題がなくても，その人個人にとってひどく不快感や不全感があったり，不満があったりする）
4. Maladaptive Behavior(仕事や友達との付き合い，食事など，一般の健康

的な生活がきちんとできていない）
5. Deviation from an Ideal（心理学の理論に描かれている健全な人格や状態から逸脱している）

　1，2は社会の多数者とは行為や思考の仕方が異なっていることを示しています。多数者かどうかの区別は，その地域や時代によっても異なりますから，ある国では普通であったのに，別の国に行くと変な人と見られる，ということになります。つまり，この基準は絶対的なものではない，ということです。そして，多数者に含まれるかどうかが「心の問題」の基準になっていることは，「心の問題」の扱いが場合によっては差別の問題と関係していることを示してもいます。実際，精神障害者が世間から未だに差別の目で見られていることは，それを裏づけています。4は基本的な生活ができているかどうかも心の問題の判断基準になることを示しています。5は社会の多数者かどうか，生活ができているかどうか，という視点ではなく，心理学の理論で想定されている健康な人格や自我という視点から，心の問題の基準を定めています。たとえば，感情はその状況やおかれた立場によって変わるのが普通の心である，という考え方があります。すると，普通ならば喜んでもいいはずの場面で少しも喜びが湧かなかったり，逆に気分が落ち込むような場合には，心が健康な状態にない，ということになります。これらの1，2，4，5は「心の病」をもっていることの判断基準の前提になるものです。なお，5の視点から心の問題を考えるためには，健康な人格や自我発達の理論について学んでおく必要があります。

　3は「心の病」の判断基準にあたる場合も含まれますが，「心の病」ではないが専門家の相談を受ける対象になる場合を含んでいます。ここには同じ援助の学問とはいえ，身体医学などと異なる臨床心理学の大きな特徴が現れています。身体医学では本人が体調の悪さを訴えても，様々な検査などで異常が発見されなければ，多くの場合「心配する必要はありません。気持ちの問題でしょうから，ゆっくりお休みなさい」ということになります。しかし，臨床心理学ではたとえ心理検査で異常が発見されなくても，本人が「専門家に相談したい悩みを抱えている」と言うのであれば，心理検査の結果よりも本人の訴えを重視して，援助を始めることになります。つまり，臨床心理学ではその人個人を

重視し，その個人の主観的な感じ方に注目します。

なお，心の病・障害にはどのようなものがあるかについては第4章で紹介します。

3　心理査定

では，心の状態を把握するには具体的にどのようなことをするのでしょうか。臨床心理学の中にはひとつの大きな分野として，心の問題の有無や状態を理解するための心理査定という分野があります。心理査定の方法としては面接，観察，心理検査などがあります。たとえば本人はあまり悩んでいないが，周囲から見ると大変な心理的危機状態にある，などということがあります。そういう場合に，臨床心理の専門家は本人に心理検査を施行することもありますし，直接本人に面接することもあります。また，本人の様子を一定の方法で観察することもあります。ひとつの方法だけでなく，組み合わせて査定することもあります。

心理査定をする第一の方法は面接です。心理査定の第一の方法として心理検査ではないのか？と思う人もいるかもしれませんが，まず実際に本人に会って話を聞くのが基本です。そして，面接だけではわからず，心理検査をする必要があると判断された場合に心理検査を行うのです。

また，カウンセリングにおける第1回目の，いわゆる受理面接（インテーク面接）と呼ばれる面接（第8章参照）も，これからカウンセリングを行うための必要な情報を得るための心理査定としての側面をもっています。場合によっては受理面接で心理検査を行うこともあります。また，第2回目以降のカウンセリングであっても，相談に来た人を援助するためにはその人についての理解を深めていかねばなりません。結果的に援助的面接を行うことが心理査定としての側面をもつことになりますし，援助的面接の過程で必要とあれば心理検査を施行します。

心理査定のための面接では本人の話の内容を判断材料としますが，それだけでなく，本人の話し方（口調，訴えの整合性，カウンセラーとの対話としての整合性，感情，声の質，恰好，態度など）も重要な情報です。また，こちらか

ら質問もします。しかし、質問の仕方によってはかえって重要な情報を閉じ込めたり、相手の状態を悪くしてしまうことにもなりかねないので、慎重を要します。

心理査定のもうひとつの方法は観察です。面接中に相手の話し方に注目することも観察のひとつと言えましょう。その意味では面接には観察の要素も含まれています。しかし、ここではそれとは異なる観察について述べておきます。それはたとえば、教室で落ち着きのない子どもがいるという場合、こちらが教室に出向いてその様子を観察するような場合です。面接室にやってきたのが本人ではなく、親や周囲の人の場合、どうしても言葉による情報だけでは判断しがたいときなども、現場に出向いて本人を直接観察することで精度の高いデータが得られます。観察するのはこちらが出向く場合ばかりではありません。心理相談センターなどのプレイルームに入ってもらってひとりで遊ぶ様子を見ることもありますし、プレイルームで子どもと共に遊びながら観察したり、第三者に観察してもらったり、ビデオにとって後で遊びの様子を観察することもあります。

心理査定の道具のもうひとつが心理検査です。その際、その必要性を説明し、合意してもらった上で行い（インフォームドコンセント）、検査の後はそれを本人にわかりやすく説明するのが定石です。場合によっては本人が結果を理解できないこともありますが、親などに伝えるようにします。それは心理検査を行う際の倫理であるであるとともに、検査結果を対話の材料にするほうが、今後の援助の効率を上げることになるからです。もちろん検査結果は伝えにくいこともあるでしょうが、傷つきや不安を与えないようにして、心理検査を行ったことが本人にとって最大の利益になることを納得できるように伝えます。

4 臨床心理学援助

援助の方法にはいくつもの方法がありますが、主なものとしては個人カウンセリング、プレイセラピー、グループ・アプローチ、芸術・表現療法、心理教育などがあります。

[4-1] 個人カウンセリング

　個人カウンセリングとは，問題を抱えた人が専門家（カウンセラー）に相談に行き（来談と言います），その解決を図ることです。問題を抱えてカウンセラーのところに相談に行く人のことをクライエント（来談者）と言います。カウンセリングのやり方は数多くありますが，カウンセラーが助言を与えるタイプのものと，助言を与えるのではなくクライエントと共に考えていく，というタイプのものがあります。多くの方法のうちでも行動療法や行動カウンセリングなどと言われる方法は前者に属しますし，精神分析や来談者中心療法など対話中心の方法は後者に属します。カウンセリングの具体的なやり方については第8章で詳述します。

[4-2] プレイセラピー

　プレイセラピーは遊戯療法とも言います。個人カウンセリングが言語のやり取りを中心としたものであるのに対し，これは遊びを中心にしたものです。援助に遊びを用いる理由は，言葉の表現能力が十分でない人や子どもを相手にするような場合，コミュニケーションの道具としては遊びが有効であり，また遊びは心身を活性化する作用が極めて大きいためです。カウンセラーが子どもとどのように遊び，どのようにかかわるのか，については，いくつかの理論があります。プレイセラピーの具体的なやり方については第9章で詳述します。

[4-3] グループ・アプローチ

　グループ・アプローチにもいくつかの方法があります。そのひとつは同じ悩みや症状などをもった複数のクライエントがメンバーとなってグループの中でカウンセリングを受ける集団カウンセリングです。生活技能などを習得するために行われる生活技能訓練（Social Skill Training，通常SSTと呼ばれます）をグループで行うものもあります。これらは専門家のスタッフがカウンセラーあるいは治療者としてその場にいるものです。それに対し，必ずしも専門のスタッフのいないグループもあります。

　心の問題をもっていなくても，一般市民が自分の心理的成長などを目的として参加することのできるグループもあります。その代表はエンカウンター・グ

ループです。有料のものも無料のものもあります。日本では教員研修や看護士教育などに広く取り入れられていますし，学生相談などで用いられることもあります。

　ほかには，セルフヘルプ・グループ（自助グループ）と言われる形態のグループがあります。同じ悩みや問題意識をもった人たちが集まって互いに支え合うことを目的とするグループです。なぜ，専門家がいなくて大丈夫か？という疑問が湧くかもしれません。しかし，参加する人は，同じ問題を実際に抱えたものでないとわからない苦しみがあるのです。そして，専門家による援助よりも，「確かにわかってもらえる」という体験こそ，何よりも支えになることが多いのです。セルフヘルプ・グループがNPO活動として行われていることもあります。

　セルフヘルプ・グループの特徴は，病院や保健所に行けば提供されている，とか，どこか電話帳を探せば見つけることができる，というようなものでは必ずしもありません。同じ悩みを抱えた人と話をしたい，どこかセルフヘルプグループに行きたいと思っても，ないことがあるのです。というのも，これは必ずしも福祉行政の責任として行われる業務でもありませんし，病院の業務でもないからです。ですので，ほとんどの場合，セルフヘルプ・グループは有志の人々が無償で立ち上げたものなのです。自分が何か悩みをもっていてそのためのセルフヘルプ・グループが自分の住んでいる地域になければ，自分で作るしかありません。最近はインターネットなどの発達がそのようなグループ作りを以前よりも容易にしているようにも思えますが，これはなかなか大変なことです。米国などではこのようなグループは数多くあり，わが国もそのような援助をめざす人びとが出てき始めました。しかし，まだまだ不十分と言わざるを得ません。日本では，セルフヘルプ・グループ作りを支える専門家が今後必要とされてくるでしょう。第1章で述べたように，地域実践心理学では，セルフヘルプのありようを追求します。

[4-4] 芸術・表現療法

　芸術・表現療法とは言葉を主な伝達媒介としない自己表現の方法であり，五感でとらえられるものを用いた非言語的表現技法です。普通は描画や音楽，粘

土，箱庭などを指します。このうち描画は，風景構成法，スクイグル，コラージュ療法，自由画，家族画など数多くの方法があります。子どもや障害をもった人などで，言葉が十分にコミュニケーションの道具になり得ない場合，こうした表現技法を用います。また，言葉に問題はなくても，上で述べた非言語的な感じに気づいたり，表現したりするのにこのような表現技法を用いることがあります。

　非言語的表現技法は普通，個人カウンセリングにおけるコミュニケーションの一部として行われます。言語だけではカウンセリングが停滞するような場合に導入されます。また，プレイセラピーにおいて表現技法が用いられることもあります。加えて，表現技法を心理査定の方法として用いることもあります。そのほかの査定方法では判断しにくいような場合，非言語的な技法で表現してもらうと，重要な判断材料になることもあります。

5　臨床心理学から地域実践心理学へ

　ここまで見てきたように，臨床心理学は心の問題をもった人に対する援助の学問です。既に実践と研究によって学問として十分な体系を整えているように思えます。ところが，筆者らが「地域実践心理学」という新たな学問を立ち上げたのは，臨床心理学の枠組みだけではどうにもならない問題が出てきたからです。2つの点からお話ししておきましょう。

　まず，問題の数が多くなっている，という事情があります。臨床心理学の援助の基本は個人への援助です。グループ・アプローチもありますが，そこでも基本となる考え方は個人への援助を枠組みとしています。しかし，皆さんもいろいろな形で感じておられると思いますが，現代は心に関連する問題が山積みです。臨床心理士という専門家の数も増えてきていますが，それではとても対応しきれません。取り残されている問題のほうがはるかに多いのです。また，従来の臨床心理学の理論の多くは心の問題をその個人の問題として，あるいは個人の家族との関係で見てきました。しかし，引きこもりにしろ，不登校にしろ，少年犯罪にしろ，個人の問題としてだけでなく，地域や社会という個人を取り囲む大きな枠組みとの関係で見ていかなければ片手落ちであることは多く

の人が容易に想像するところでしょう。さらに，引きこもりや不登校だけでなく，たとえば地球温暖化や少子化や年金の問題，税金の無駄遣い，政治や行政のいい加減さ，わが国の軍事化など，人びとの心を不安定にさせる，明らかに社会的な問題があります。こうした巨大な社会的問題は人びとに無意識の領域でじわりじわりとボディブローのように不安を積み上げていっています。問題の数が多くなっているのもこのことと無関係ではない，と私たちは考えています。

　もう一つ，地域実践という発想の背景にある筆者らの問題意識は，来談という形式が必ずしも心の問題をもった人びとへの最適な援助形式ではないらしい，ということです。フロイト以来，カウンセリングは問題を抱えた個人が専門家のオフィスに来談するという形をとっています。それは病院でも同じです。しかし，その専門家の援助を受けるほうが良いと思われる人の数の割には専門家を訪れる人が必ずしも多くないのです。たとえば現在，臨床心理士養成のための指定大学院がたくさん立ち上げられています。そこでは実習施設としての要件を満たすために来談するクライエントの相談件数をある程度以上もつ必要があるのですが，多くの大学ではクライエントの確保に苦労しています。理由はいくつか考えられますが，そのひとつとして，心の問題を来談という形の援助で解決する，という欧米の方式が必ずしも日本には合わないのではないか，という仮説を私たちはもっています。いまでも日本は海外から臨床心理学の知識をほとんど一方的に輸入し，翻訳される本の数も洪水のようになっています。しかし，日本という土地柄を考えた時，海外から輸入された理論をほとんど加工もせずに使おうとすれば，それに合わない人が出てくるのは当然でしょう。つまり，いままで臨床心理学は概して日本という地域性，あるいは風土・雰囲気といったものを，ほとんど考慮せずに進めてきたのです。

　「では，コミュニティ心理学という臨床心理学の分野があるではないか」という反論が聞こえてきそうです。コミュニティ心理学とは個人カウンセリングを基本とした従来の考え方とは明らかに異なる発想の援助学です。同種の問題を抱えている人のコミュニティを作って援助していこう，というものです。これは新しい方向性をもった援助学であり，魅力的です。それでも，このコミュニティ心理学という言葉自体，海外からの輸入物であり，コミュニティ心理学

では，その地域性，風土・雰囲気を生かす，という発想は必ずしも主流ではありません。

　私たちは，日本に合った，そしてさらに日本のそれぞれの地域に合った援助の方法を探り，体系化していく必要があると考えています。臨床心理学から地域実践心理学へと発想を転換する理由の一部はこのようなものであることを理解してほしいのです。地域実践心理学は日本や日本の各地域に合ったものを探っていきます。当然，その主役はその地域に住む皆さんです。皆さんがどう感じるか，どう考えるか，ということを実践の中でできるだけ活かすことで，より地域に根ざした援助心理学を作っていくことができるのです。専門家という小集団だけでやっていけるものではありませんし，専門家が作ったものを学ぼうという受身の姿勢ではなく，積極的に地域社会の問題やその援助にコミットしてほしいと思います。そして，その姿勢自体が臨床心理学と異なる地域実践心理学のもうひとつの特徴です。

〔中田行重〕

文　献

Bootzin, R.R. & Acocella, J.R.　1988　*Abnormal Psychology (Fifth Edition)*. Random House, New York.

3 心理療法の3つの学派

　心理療法とは臨床心理学の考えに基づいて人を援助する方法です。援助する方法はいろいろあり，それぞれに理論的な背景があります。ここでは，そのうちの主な学派と呼ばれる3つについて紹介します。

1　精神分析

　精神分析はフロイト（Freud, S.）という学者によって創始されました。フロイトは19世紀の後半ウィーンで活躍した精神科医です。彼は催眠に関心をもっていました。催眠は当時，ある一部の医者らが実際の診療に用いていましたが，治療法としてほとんど評価を得ていませんでした。しかし，フロイトはフランスに行くなどして熱心にその方法を学びました。フロイトはウィーンで同じく催眠を用いて治療を行っていた医者のブロイアー（Breuer, J.）の行ったある症例に感銘を受けます。それはアンナ・Oと呼ばれる少女の症例です。
　アンナはいくつもの症状をもっていましたが，特に特徴的だったのは，コップに入っている水を飲めない，ということでした（ヒステリー症状と言います）。ブロイアーは催眠治療においてアンナを年齢退行させていくのですが，そこでアンナはかつての家庭教師の女性が仔犬にコップから水をやるのを見て，酷く不快な思いをしたこと思い出します。それを見た時，アンナはその不快な気分を口に出すのは失礼であると思って不快な気分を心の中に閉じ込めました。催眠中のいま，アンナは思い出したその時の不快感を，今度は家庭教師もいませんので，思いのたけ，吐き出したのでした。そして，催眠から覚めると，コップから水が飲めるようになっていたのです。フロイトは催眠療法のポイントと

して，この，抑圧された気分を吐き出すことをあげ，カタルシスと呼びました。そして，アンナのこの記憶のように意識されずに心の奥深くに存在する部分をフロイトは「無意識」と呼びました。この無意識の解明作業による治療・研究を精神分析と言います。

　フロイトはまた，先輩のブロイアー医師にぜひ，この症例を発表すべきだ，と提案しました。しかし，ブロイアーはこの提案に消極的でした。というのも，アンナはブロイアー医師に対して強い恋愛感情を抱き，そのためにブロイアーの夫婦関係も危うくなるほどだったのです。そのためブロイアーは治療の中止を申し出るのですが，するとアンナはその日のうちに想像妊娠をしてしまうほどだったのです。ブロイアーはこれが世に出ることをおそれていたのでした。しかし，フロイトはここに注目しました。アンナのように患者が治療者に対して起こす感情反応は，実は過去の重要人物への感情が現在の人間関係に移し変えられているのだ，と考えました。フロイトはこれを転移と呼びました。そして，患者の転移を探ることが精神分析治療の要である，と考えるようになりました。また，治療者が患者に対して起こる感情を逆転移と名づけました。当初は逆転移は治療を妨げるもの，と考えられていましたが，いま精神分析では逆転移を活かすことも治療の大きな要と言われています。

　ところで，フロイトは次第にブロイアーとは離れていくのですが，その大きな理由のひとつは，フロイトのある考えにブロイアーが同意しなかったためです。フロイトはヒステリー症状の背後には幼児期の性的外傷体験が抑圧されている，と主張したのでした。性的病因説は当時のウィーンの文化において容易に受け入れられなかったのですが，フロイトはこの考えをさらに追究します。フロイトの言う性的外傷体験とは周囲から身体的に加えられたものではなく，子どもの心に内在する性的衝動とその抑圧という葛藤のことです。つまり，性衝動は思春期ではなく，幼児期に既に存在する，というのです。このような考えは当時，受け入れなかったどころか，人びとの反感を買いました。しかし，フロイト自身は自分がかつて幼児期に，母親の裸を見て性的な願望を抱いた記憶を想起し，幼児期における性欲の存在を確信します。

　フロイトの言う幼児期の性欲は必ずしも性器の結合による大人の一般的な性行為（セックス）への欲求ではありません。幼児性欲は性器的なものではな

く，自己保存本能の満足を基盤にした性愛に関連する心的活動です。それが発達する，というのが彼の考えです。

　第一の段階（出生～1歳半くらい）では赤ん坊はお乳を口に含むことで安心し，満足しています。これは，栄養を取り込むだけでなく，心理的な安心・喜びを得ているのです。これは，口唇の性的衝動ですので，この時期を口唇期と言います。第二の段階（1歳半～3歳くらい）では，子どもは排尿・排便の行為に快感を覚えるようになります。この時期はトイレットトレーニングを行う時期にもあたるのですが，排泄物が勝手に身体から流れ出るそれまでの段階とは違い，身体から排泄物を意図的に出さないように我慢したり出すことに伴う快感を発達させます。これは肛門周辺の身体感覚なのでこの時期を肛門期と言います。第三の段階（3歳～6歳くらい）はオチンチンがあるかどうかによって男女の区別があることを次第に学習する時期です。トイレや服装などいろいろなことに男女の違いがあることを知り，それについて思いを巡らすようになります。とりわけ，自分の父親と母親が結婚して自分が生まれてきている，ということに関する子どもの空想はこの時期の心理的発達を特徴づけます。子どもは，大きくなったら自分は異性の親と結婚する，などと口走ったりします。しかし，自分は異性の親と一緒になりたいけど，同性の親が既に結婚しているので自分はそれはできない，両親に対して自分はのけ者である，という構造がわかってきます。異性の親と一緒になりたいという欲求と，それはどうしても許されないということへの感情の処理を子どもは経験することになります。この複雑な心理がエディプスというギリシャ悲劇と似ていることから，フロイトはこれをエディプスコンプレックスと名づけました。この時期はオチンチン（男根）が重要であることから男根期と言います。男根期以後，しばらくこのような幼児性欲の発達はなく（潜伏期），12歳ごろから生殖のために性器を結合する行為への衝動が湧き上がるようになります。この時期を性器期と呼びます。

　ところで，精神分析は上記のように催眠という方法から始まりました。しかし，フロイトはその後，患者の額に手をあてる前額法を開発し，さらに寝椅子に横になって話す自由連想法を開発しました。いまでは精神分析的な心理療法は必ずしも寝椅子を用いませんが，正式な精神分析では寝椅子を用います。自

由連想法では患者さんのあたまに浮かぶ連想を自由に報告してもらいます。何でも自由に連想してもらうと言っても，実際には連想があるところで止まったり，同じことを繰り返したり，頭には浮かんでいても治療者には自由に言えなかったりします。この不自由さに患者が気づき，そうさせている自分自身の無意識を探るというのが自由連想の中心にある考え方です。

精神分析はフロイト以後も多くの理論を生んでいますが，それらに共通するのはここに述べた無意識，転移，幼児期，性発達，自由連想などの概念です。

2 来談者中心療法

これはロジャーズ（Rogers, C.R.）という米国の心理学者が始めた方法です。ロジャーズは当初，非指示的療法という方法を提唱し，さらにそれを来談者中心療法という方法に発展させました。さらに，これはパーソンセンタード・アプローチという名前に変わっていきました。

ロジャーズが臨床心理学の専門家として仕事を始めるようになった当時，心理療法・カウンセリングの方法としては精神分析とウイリアムソン（Williamson, E.G.）という人を権威とするカウンセリングが主流でした。ウイリアムソンのカウンセリングとは検査，診断，助言という医学モデルによる方法でした。ロジャーズ自身は当時の勤務先の児童相談所でそのような従来の方法を用いつつも，それらの効果に対して疑問をもち始めていました。そのころ，乱暴な息子のことで相談にやってきた母親とのカウンセリングを行っていました。カウンセリングはなかなかうまくいかず，12回の面接後，ロジャーズは自分から，「いままで懸命に取り組んだが，どうもうまくいかないようなので，カウンセリングを中止してはどうかと思います」と提案しました。母親も同じように感じていたのでしょう，彼女も同意しました。そして母親がその部屋を退室しようとした時，振り返って「ロジャーズ先生は大人のカウンセリングは行っていらっしゃいますか」と尋ねました。「やっています」とロジャーズが応えると，彼女は「私のためのカウンセリングを希望します」と言い，そこから彼女個人のカウンセリングが始まりました。そこで彼女は結婚生活の問題やそれにまつわる気持ちを話し，このカウンセリングは大変うまくいったのでした。ロジャ

ーズはこのような経験を通して，問題の解決の方向性を本当に知っているのは専門家ではなくクライエント自身である，と考えるようになります。つまり，カウンセリングで重要なのはクライエントのもっているその解決へ向けての可能性，知恵を尊重することであり，専門家として何か助言をすることではない，というのです。それを非指示的療法としてミネソタ大学で講演します。ところが，ミネソタ大学は例の指示的カウンセリングの大家ウイリアムソンの本拠地です。この講演は大きな議論を巻き起こしました。

　ここにはロジャーズらしさがよく表れています。そのひとつは，自分の経験を大事にしているということです。現在でも，カウンセリングがうまくいかなければ，多くのカウンセラーが考えることのひとつは，自分がまだそのカウンセリングの方法を習熟していないため，ということです。もうひとつは，クライエントの抱えている問題が複雑であるとか，むずかしいとか，人格的に大きく歪んでいる，ということです。ところが，ロジャーズはそうは考えずに，方法が間違っているのではないか，と考えたのです。つまり，ロジャーズは従来の理論を絶対的なものとして考えるのではなく，それよりももっと重要なものとして自分個人の経験を大事にしているのです。

　また，ロジャーズらしさのもうひとつは，カウンセリングがうまくいかない時に，それをそのまま受け止めていることです。うまくいかない時，多くの場合はカウンセリングを止めましょうなどと言うカウンセラーはまれで，たいていは何とか続けようとします。カウンセラーにとってカウンセリングを止めることは自分の能力の不足を意味するように思えます。ところが，カウンセリングがうまくいかないことをそのまま受け止めて（これを自己受容，と言います）いる点もロジャーズらしいところです。

　もうひとつは，クライエントの考えを尊重するという考えの中に，専門家と市民（クライエント）という上下関係を嫌い，人と人の立場の対等性を重視するという，ロジャーズの民主主義的な考え方が見られます。ここに述べたようなロジャーズの特徴は一生涯にわたって貫かれています。

　ところで非指示的療法とは，カウンセラーはクライエントを温かく受容し，自由な表現を促す方法です。一切の指示をしないどころか，自分のちょっとした考えもできるだけ表明しないようにする，というものです。しかし，これは

単なる応答の技術（テクニック）として受けとめられることもありました。そこで，ロジャーズはその技術の背後にあるもの，すなわち個人が潜在的可能性を建設的な方向に達成しようとする基本的な動き（実現傾向，といいます）を尊重するカウンセラーの態度こそが重要である，ということを主張するようになります。そして，これを来談者中心療法と新たに命名しました。

　来談者中心療法で強調されるカウンセラーの態度とはクライエントが世界を眺めているままにその世界を知覚し，感情を移入して理解し，それをクライエントに伝える，というものです。それは必要十分3条件という形でさらに明確になります。条件の1つ目はカウンセラーの自己一致（純粋性）です。これは，カウンセラーは自分の自己像と内側で起こっている経験が一致していること，すなわち自分の内的感情経験を正確に知覚し得ている，ということです。条件の2つ目は無条件の肯定的関心と言われるもので，クライエントの話すことに条件をつけず全てに肯定的な関心をもっている，ということです。3つ目の条件は共感的理解であり，クライエントの体験世界をカウンセラーが感情移入的に経験し，それをクライエントに伝えようと努めているということです。

　パーソンセンタード・アプローチでも来談者中心療法の考えは続きますが，その範囲がパーソン（人間）にまで広がります。彼は実現傾向を促進する組織，方法，プロジェクトなどを発展させ始めます。最終的に彼はカリフォルニアのラ・ホイアにCSP（Center for Studies of the Person）という組織を設立します。ここには管理者はいなくて，スタッフの企画により様々なプロジェクトが提案され，実施されます。つまり，その組織自体がパーソンセンタード・アプローチによる運営なのです。そこでは個人カウンセリングなども行われましたが，何よりもそこを特徴づけたのは，エンカウンター・グループによる体験的ワークショップです。さらにこのエンカウンター・グループは平和プロジェクトとして，国家レベルでの紛争や葛藤をもつ海外でも行われるようになります。宗教と階級の違いによる紛争が長く続いていた北アイルランドでのワークショップは「鋼鉄のシャッター」として日本でもそのビデオがありますが（関西人間関係センター），たしかにそこにはパーソンセンタード・アプローチの大きな可能性を見ることができます。

3　行動療法

　精神分析や来談者中心療法は，ある傑出した臨床家の経験や人間観とセットになってでき上がっています。その意味でその人間観と技法論にはまとまりがあります。その点，行動療法は行動の出現に関する実験や，不適応行動の減少についての研究をもとに，ひとつの治療論として体系化されて集められてそのように呼ばれるようになりました。

　行動療法のベースにはパブロフ（Pavlov, I.P.）による犬の唾液の条件づけ（古典的条件付け）やスキナー（Skinner, B.F.）によるハトの条件づけ（道具的条件づけ），バンデューラ（Bandura, A.）による社会的学習理論（モデリング）などの学習理論があります。全ての不適応行動は誤って学習されたか，未学習の結果なので，治療方針としては「学習の諸原理を適用し，不適応行動を減弱，除去するとともに，適応行動を触発，強化する」（ウォルピ（Walpe, J.））ことになります。そのために用いられる方法はある程度頻繁に用いられるものがあり，それは以下に紹介します。しかし，行動療法は人間観がセットになっていないので，それに束縛されることがない分，精神分析や来談者中心療法などに比較して新たな方法がうみだされる自由があり，それだけ適用範囲を広めていくことになります。実際，精神科・心理臨床領域だけでなく，身体疾患や障害児教育，予防医学など幅広い領域に応用されています。行動療法は当初は精神分析に対するアンチテーゼとしての意味合いも大きかったのですが，次第に適用範囲が広がるにつれ，アンチテーゼという意味合いは必要がなくなり，いまでも臨床上の必要に応じて技法が生まれつつあります。

　行動療法は行動変容を目標としますが，ここで言う「行動」とは筋肉・運動行動だけではなく，精神的活動も全て指します。ただし，いずれも具体的にとらえることができる行動です。その行動がどのような場面で，どのようなことをきっかけに起こり，それがどのような反応を引き起こしているのか，などのつながりを把握し（行動分析），クライエントにとって必要な行動課題を処方します。

　行動療法における主な技法を以下に挙げておきます。**系統的脱感作**とは①リ

ラクセーションを習得し，②クライエントに不安反応を起こさせる刺激場面を思い出させ，不安の弱い場面から強い場面までの不安の階層表を作り，③不安階層表の最も弱い不安喚起場面をリラックスした状態で想起し，不安を感じなくなるまでその場面イメージに慣れ，④1段階ずつ不安喚起場面の階層を上げて，最後は最も強い不安刺激にも慣れる，というものです。イメージで不安を感じなくなると，現実場面でも不安を感じずに済むものです。

エキスポージャーとは，クライエントが回避している刺激状況に文字通りさらすことです。その結果，不安，恐怖などの情動にたっぷりと浸らせ，その情動に対面することになります。慣れてくると，回避しなくて済むようになります。

反応妨害法とは不安刺激に対面した際に，不安刺激から逃避したり回避したりする反応行動を妨害する方法です。よく，エキスポージャーとセットにして使われています。反応妨害の方法として，言葉で指示することもありますし，不安回避反応とは異なる行動を覚えさせることもあります。

モデリングとは他の人の行動を観察し，自分もできるようになることです。反応妨害法として使われることもあります。たとえば，不安回避反応として強迫行為が行われる場合には，強迫的でない行為を治療者が示して，それを行わせたりします。

プロンプティングとは不適切行動が起こる場面で，不適切でない行動によって対応するように声をかけたり，図示したりすることです。

セルフモニタリングとは不適切な対応行動をとっていない場面を記録するなどして，自分の行為を観察（モニタリング）することによって，不適切な対応行動をとりそうな場面での行動を自分でコントロールしやすくすることです。

シェイピングとは既にできている行動をもとにさらに行動をより社会的に適切な方向に広げてゆくことです。

生活技能訓練とは，いくつもの行動療法の技法を集めて，生活していく上で必要な社会的な技能を修得する訓練です。

（中田行重）

読書案内——三大学派の参考書

前田重治編　1981　精神分析を学ぶ　有斐閣
　　精神分析の解説がわかりやすくしてあります。
田畑　治編　1998　現代のエスプリ374　クライエント中心療法　至文堂
　　来談者中心療法の全体の輪郭が示されています。
山上敏子　1990　行動療法　岩波学術出版社
　　行動療法の臨床の第一人者，山上先生のわかりやすく，かつ含蓄の深い本です。これはさらにシリーズとなって出版され，全3冊あります。
池田久剛　2003　カウンセリングとは何か［理論編］　ナカニシヤ出版
池田久剛　2003　カウンセリングとは何か［実践編］　ナカニシヤ出版
　　この2冊は精神分析と来談者中心療法，および心の病についてわかりやすく書いてあります。

ビ デ オ

鋼鉄のシャッター　関西人間関係研究センター
　　北アイルランドにおける紛争に対するエンカウンターグループによる平和プロジェクトの貴重なビデオ記録です。
出会いへの道　シャッター　関西人間関係研究センター
　　これは平和プロジェクトではなく，通常のエンカウンター・グループの記録です。世界的に有名なビデオです。

4 心の病・障害の理解

　心の病気，あるいは障害と言われるものは数多くあります。ここでは地域実践心理学を学ぶ上で必要と思われる基本的なものを紹介します。ここには心の病気というだけでなく，脳の病気と言うほうが適当と思われるものも含め，それらのうち，学んでおく必要があるものを紹介します。紹介するのは神経症，精神病，人格障害，心身症，PTSD，児童虐待・DV，摂食障害，発達障害，認知症（痴呆）です。

1　神経症

神経症といっても更にいくつかの神経症に分かれます。

[1－1] 不安神経症

　症状として，対象が特定されない漠然とした不安が覆う浮動性不安，突如として心悸亢進，呼吸困難，めまい，冷や汗，吐き気，死の恐怖などが襲う不安発作（パニック），また不安発作が起きるのではないかという予期不安などがあります。このうち，特に不安発作を症状とするものはパニック障害とも言われ，予期不安のために外出恐怖や乗物恐怖などを伴うこともあります。

[1－2] 恐怖症

　不安神経症ではその対象が明確でありませんが，恐怖症は明確です。上に述べた外出恐怖，乗物恐怖のほかにも閉所恐怖，動物恐怖，対人恐怖，醜形恐怖など，その対象によって多くの種類があります。

[1−3] 強迫神経症

これには症状が2種類あり，自分でもおかしいと思っていながら同じ行為を何度もして止められないという強迫行動と，不快な考えやイメージが繰り返し頭に湧いてきてしまう強迫観念があります。強迫行動には手洗い強迫というような何度も手を洗ってしまうものや，ガスの元栓を何度も確認して止められないというような確認強迫などがあります。

[1−4] 転換ヒステリー

心理的に抑圧されたものが原因となって知覚が麻痺したり，歩けなくなったり，声が出なくなったりするなど，随意運動や感覚系の症状が出るものを言います。

[1−5] 心因性うつ病

心理的なことが原因で起こる抑うつ気分，思考静止，意欲減退，無価値感，絶望，自殺念慮，睡眠障害，食欲不振などを症状とするものです。なお，うつ病には内因性のものもあります。精神病のところで確認してください。

[1−6] 心気症

心身の些細な不調に異常にとらわれ，医学的な診察や検査によって異常なしと言われても，その不調にこだわり，重い病気が進行しているのではないかとおそれ，それを他人に執拗に訴え続ける心の状態を言います。

[1−7] 離人神経症

「自分が存在すると感じられない」「外のものと自分との間にヴェールがあるようでピンと来ない」「自分の身体が自分のもののように感じられない」などの，日常の現実感や生命実在感の喪失した感じを離人感といい，その病気を離人症といいます。離人症は後述する精神病や人格障害でも見られることがあります。離人神経症とは精神病のような人格水準の低下も人格障害のような社会的機能の著明な低下もないが，離人感が存在している状態を言います。

2　精神病

　精神病は心の病のうちで最も重症のものです。現実知覚の機能が低下したり、社会適応力やその意欲・エネルギーが著しく低下する病気です。心のことが（きっかけにはなりえても）原因ではないので、内因性の病気であると言われますし、心の病気というよりは脳の病気という言い方もできます。

[2-1] 統合失調症

　かつて精神分裂病といわれた病気ですが、その病名による社会的な偏見を減らすために統合失調症という名前に変わりました。精神病院に入院している多くは統合失調症を患った患者さんたちです。大きく陽性症状と陰性症状の2種の症状に分けることができます。

　陽性症状のひとつは現実にないことを知覚する幻覚です。その中でも特に多いのは、聞こえないはずの人の声などが聞こえる幻聴です。「死ね」などの悪口が聞こえる幻聴がありますし、聞こえてくる幻聴の声の主と話してニタニタしている（独笑）こともあります。もうひとつの陽性症状は妄想です。現実にあり得ないことを現実と信じていることです。人から被害を受けている、狙われているというような被害妄想、自分は神であるとか大統領であるなどの誇大妄想、自分はある人から強く愛されているという恋愛妄想など、いくつかの種類があります。また、自分の思考が他人によって抜き取られている（思考奪取）という訴えや、人の考えが自分の頭に吹き込まれる（思考吸入）という訴えをする患者さんもいます。

　陰性症状は自閉や平板化した感情、意欲の欠如などです。この症状をもつ患者さんは人とのかかわりを避け、ひとりでいることを好み、あまり会話を交わさないようにしています。会話をしたとしてもその内容が貧困です。社会的なことに関心がないような様子で、表情に動きがなく、いつも同じような感情状態にあるような様子です。

　統合失調症の経過の主なものとしては、主に青年期に発症し、進行性に経過し、人格上の特有の欠陥を残したり、時に人格の荒廃に至ることもある、とい

うものです。治療は薬物によるものが中心です。

[2-2] 躁うつ病

躁うつ病とは、躁とうつという感情の状態を特徴とする病気です。躁とは心のエネルギーが大変高まっている状態です。気分が高揚したり、何日も徹夜で仕事が出来ます。うつとは、躁の逆でエネルギーが極度に下がっている状態です。原因が心因性ではなく内因性という点、睡眠障害が早朝覚醒を特徴とする、という点などが異なりますが、心因性うつ病のところで述べたのと似ています。躁うつ病とは、この躁とうつを周期的に繰り返す病気です。また、中には躁だけの状態の躁病や、うつだけの状態の（内因性）うつ病の人もいます。このように躁うつ病は、感情の変化を特徴とする病気ですが、経過の中で統合失調症で述べた陽性症状が出ることもあります。

なお、心因性と内因性のうつ病について述べたので他のうつ病について述べておきましょう。うつ病には心因性や内因性というだけでなく、ほかの種類のものがあります。有名なのは産後うつ病と言われるものです。産後、特に分娩後の6～8週間を産褥期と言いますが、この時期にはうつ病や精神病が発症することがあります。自然軽快する軽症うつ病やマタニティブルーなどもありますが、治療を要するうつ病になることもあります。

3 人格障害

まだ、人格障害という概念がなかったころ、神経症と精神病という診断分類だけではどちらとも判定しがたい精神疾患があることがわかってきました。両者の中間に位置すると言えそうな病気でした。そこで、そうした患者さんたちを境界例と呼ぶようになりました。ところが、臨床実践・研究が進んでくると、境界例と呼ばれる患者さんにもいろいろなタイプが存在することがわかってきました。現在はこれらを総称して人格障害と呼ぶことになりました。境界例という当初の呼び名は、この人格障害の中のひとつのタイプとして位置づけられるようになりました。境界例以外にもいくつもタイプがあり、それらを総称して人格障害と言います。

人格障害とは，その人格が全般的あるいはその一面において柔軟性がないために社会生活や職業面で明らかに適応不良を起こし，主観的苦悩の原因となっているか，周囲の人の苦悩の原因になっている状態のことを言います。人格障害の症状は，しばしば青年期か，それ以前までに認められ，成人期のほとんどを通じて持続します。中年を過ぎると症状はやや緩和され，老年にはあまり目立たなくなります。

以下，世界的に使われている診断マニュアルのひとつであるDSM-Ⅳの分類を用いて人格障害をその種類別に説明します。人格障害は大きくA～Cの3群に分かれます。A群には3通りの人格障害が含まれており，奇妙な言動をとり，風変わりに見えるタイプの人格障害です。B群には4通りの人格障害があり，演技的で，感情的で，不安定に見えるタイプの人格障害です。C群には3通りの人格障害があり，しばしば不安でおびえているように見えるタイプの人格障害です。順に見ていきましょう。

[3－1] A群：しばしば奇妙で，風変わりに見える人格障害

■(1) **妄想性人格障害**：他人の動機を悪意あるものと解釈するといった不信と疑い深さを抱き続けており，そのために十分な根拠もないのに他人の言葉や出来事の中に，自分をけなす，または脅す意味が隠されていると読む。友人または仲間の誠実さを不当に疑い，それに心を奪われている。

■(2) **分裂病質人格障害**：対人関係における不快感があり，内向的で，社会的に引きこもり，孤立する選択肢を好む。他人の批判や賞賛に対して無関心に見えたり，自分が何かを成し遂げても喜びを感じられるということがなかったり，あったとしても少ない。情緒的に，冷たさ，よそよそしさ，または平板さを示す。

■(3) **分裂病型人格障害**：人間一般に対する長年の疑惑と不信によって特徴づけられる。考え方や話し方が奇異であったり，下位文化的規範に合わない奇異な信念，または魔術的思考をもったり，普通でない知覚体験，身体的錯覚を経験する。偏屈者，不正収集家，病的に嫉妬深い配偶者，訴訟好きな変人等がこれに属する。

[3-2] B群：しばしば演技的で，感情的で，不安定に見える人格障害

■(4) **反社会性人格障害**：社会的規範，つまり法にかなった行動ができず，他人をだましたりして，その権利を侵害する。衝動的な行動，些細なことによる怒り易さや攻撃性を特徴とし，自分または他人の安全を考えない向こう見ずさ，無謀さを示す。良心の呵責も欠如している。

■(5) **境界性人格障害**：対人関係や自己像，感情が著しく不安定で，他人に対する理想化と脱価値化との両極端を揺れ動いたり，見捨てられを避けようとする必死の努力をしたりする。衝動的自傷行為が2領域以上にわたって行われ，自殺の行為，そぶり，脅しを繰り返し行うなどの特徴をもつ。

■(6) **演技性人格障害**：芝居がかった，誇張した情緒表現を示すが，一方で浅薄で移り気であったり，他人に対し身体的外見を用いるなどして不適切なほどに誘惑的になって，人の注意を引こうとする行動が広範に行われる。話は印象的だが，内容の詳細がない。

■(7) **自己愛性人格障害**：十分な業績がないにもかかわらず優れていると認められ，過剰に賞賛されることを期待したり，権力や美しさなど限りない空想をするなど，自己の重要性に関する誇大な感覚をもっている。そのため，他の特別なまたは地位の高い人たちにしか理解されない，または関係があるべきだと信じている。しばしば尊大で傲慢な態度をとる。

[3-3] C群：しばしば，不安でおびえているようにみえる人格障害

■(8) **回避性人格障害**：社会的不適切感や劣等感が強く，否定的評価に対する非常に過敏な反応をする。批判への恐怖のために対人接触のある職業を避けたり，好かれている確信がないと対人接触を希望しない。あるいは恥を恐れて，親密な関係の中でも遠慮するなど，異常なほど引っ込み思案であったりする。

■(9) **依存性人格障害**：世話をされたいという全般的で過剰な欲求のために従属的でしがみつく行動をとる。日常のことでも，他人の必要以上の助言と保証を求めたり，生活のほとんどの領域で他人に責任をとってもらうことを求める。自分で計画したり，物事を行ったり，他人の意見に反対することが困難である。

■ (10) 強迫性人格障害：目的を見失うほどに，細目，順序，予定にとらわれたり，課題の達成を妨げるほどに完全主義的である。他人に仕事を任せたり，一緒に仕事をすることができない。道徳，倫理，または価値観についての事柄に，過度に誠実で良心的かつ融通がきかない。明らかな経済的な理由がないのに，娯楽や友人関係を犠牲にしてまで仕事へのめり込んだりする。

4　心身症

これは，心理的な影響により起こる身体症状です。しかし，どのような身体症状であっても何らかの心理的な影響を受けていると考えられます。そこで，心身症とはさしあたり，ある一定の身体症状のことを指します。どの範囲までを心身症に含めるかは人によって考えが異なる症状もありますが，ここでは一応の目安として以下の症状を挙げておきます。

　　偏頭痛，斜頸，抜毛癖，円形脱毛症，消化性潰瘍，肥満症，にきび，アトピー性皮膚炎，アルコール依存，気管支喘息，本態性高血圧，書痙，頻回手術，事故多発癖，インポテンツ，リューマチ，小児喘息，起立性調節障害，遺糞症，遺尿症，周期性嘔吐症，心因性発熱，嘔気，心悸亢進，心臓病，呼吸困難発作

なお，心身症は病態水準から言って，一般に精神病や人格障害ほど重いとは考えられておらず，神経症とほぼ同水準と考えられています。では，神経症と心身症はどう違うのでしょうか。一言で言えば，神経症は心のことが原因で起こる心の病気であり，心身症は心のことが原因で起こる身体の病気であるということになるでしょう。とは言え，神経症の中にも身体症状があるものがあるので，この区別は明確であるとは言えません。この「神経症」という概念や「心身症」という概念はいまでも臨床の現場で使われていますが，一方でDSM-Ⅳでは使われなくなりました。臨床の現場でもこれらを使わない専門家もいます。このような診断分類の混乱の問題は神経症と心身症に限ることではなく，また今の時代に限るものでもありません。古くから心の病の診断分類は

修正が加えられてきているのです。

5　PTSD(Post Traumatic Stress Disorder, 心的外傷後ストレス障害)

　PTSDという概念は，ベトナム戦争から帰還した米国軍人に発症した，戦争体験が引き金になっているとしか考えられない症状から注目され始めました。PTSDとは死の危険を伴うような出来事を体験した後，その恐ろしい出来事がありありとよみがえってくることを中核とする症状です。悪夢にうなされたり，睡眠障害に陥ったり，その出来事に関連する刺激（メディアによる報道，映像，場所，物など）を回避するようになったりします。また，離人感が覆ったりします。その結果，社会的不適応感，劣等感などをもつようになり，社会から孤立するようになったりすることもあります。

　日本でも近年，この言葉を聞く機会が増えました。阪神大震災や地下鉄サリン事件，ガルーダ航空機事故などの生存被害者の中にPTSDを患っている方がいます。また虐待や強盗，レイプなどの犯罪被害者の中にもPTSDを患っている方がいます。そういう事件を耳にするだけでPTSDを患う人もいます。

6　児童虐待およびDV(Domestic Violence, 家庭内暴力)

　児童虐待とDVはともに心身に受けた虐待経験のことをいいます。児童虐待とは保護者による子どもへの暴力です。DVとはドメスティックバイオレンス（Domestic Violence，家庭内暴力）で，家庭内暴力と言うとかつては親子間での暴力を指すのが普通でしたが，いまでは主に夫が妻にひどい（身体的，心理的）暴力をふるうこと（逆もあり得ますが）を指すようになりました。

　意味から考えておわかりのようにこれらの概念はともに，その概念自体は心の病を表すものではありません。しかし，心の病に大きく関係するものであり，今後も大きな社会問題として扱われると思われるので，ここに取り上げることにしました。

　児童虐待には4つの種類があります。

[6-1] 身体的虐待

　子どもに暴力をふるって怪我をさせたり，体に苦痛を与えたりすることで，殴る蹴るだけでなく，首を絞めたり，タバコの火やアイロンを押しつけたり，熱湯を浴びせる，などの事件が報告されています。当然，子どもは死亡することもあります。

[6-2] 養育の拒否・放置（ネグレクト）

　子どもに適切な衣食住の世話をしないことで，ごはんを食べさせなかったり，病気をしても医者に見せなかったりすることです。オムツをしている子どものオムツが汚れているのに長い時間取り替えない，掃除をしないためにごみ処理場のような家に子どもを住まわせている，カップラーメンをただ買い与えて毎日それだけを食べさせ，自分はパチンコに行く，などもこれにあたります。

[6-3] 心理的虐待

　子どもをひどい言葉でなじったり，罵声をあびせたり，ひどく冷酷な態度をとるなどして，子どもの心に極度の不安や恐怖を与えることをいいます。

[6-4] 性的虐待

　性行為や性的ないたずらは当然これにあてはまりますが，猥褻な本を見せることやポルノの被写体にさせることを強要することも含まれます。

　また，身体的虐待に含まれると思われる特殊な虐待があります。親が子どもに不適当な薬を投与したりして子どもを病気にして，子どもを医者に連れて行き，子どもに対して献身的な親を演ずる，という虐待です。これは代理ミュンヒハウゼン症候群と呼ばれています。

7　摂食障害

　これは若い女の人に多い，食べることに関する心の病です。主なものとしては2種類あります。ひとつは太ることを恐れ，自分の身体イメージが極度に歪

み，「醜い」と信じ込み，低血圧，低体温，低血糖，月経停止になっても，まだなお食べることを拒否する拒食症です。別名，神経性無食欲症，思春期やせ症とも言います。一方，2時間の間にほとんどの人が同じような環境で食べる量よりも数倍多い量を食べ，食べている時には自分を制御できなくなる，という体験が1週間で2回以上あるのが過食症です。別名，神経性大食症とも言います。過食症にはさらにただ食べるだけのタイプと，指を突っ込んだり，利尿剤，下剤などの服用によって，食べた直後に自分で吐き出すタイプがあります。

8 発達障害

　発達障害とは知的，社会的，運動機能的の側面において，通常の発達とは大きく異なる状態を長期にわたって示している状態のことを言います。主なものに，知的障害，広汎性発達障害，ADHD，学習障害，身体障害があります。

[8－1] 知的障害
　知能水準が通常よりも低い状態を言います。知能指数（IQ）によって軽度か重度かなどの下位分類があり，分類の仕方は学者によってややばらつきがありますが，ここでは一応の目安として，次の分類を挙げておきましょう。
　　　IQ55〜75＝軽度，35〜55＝中度，25〜35＝重度，25未満＝最重度
知的水準は精神病や痴呆などでも低くなりますが，知的障害という場合はそれらが原因のものは含みません。染色体異常（ダウン症），周産期外傷，胎児期の母胎の感染症罹患や妊娠中毒などが原因のものと，および原因の明確でないものがあります。

[8－2] 広汎性発達障害
　従来"自閉症"とよばれていた発達障害の一群を指す新しい呼び方が広汎性発達障害です。その特徴は次の3つだと考えられています。
a）コミュニケーションの問題
　　コミュニケーションへの意欲，関心の欠如。

b）社会的な問題

　養育者に対する愛着，他人への関心の薄さ，人と共に何かをするということへの関心の欠如。

c）想像力の問題

　新奇な事態に対して想像力を使って処理する能力の低さ。同じことを維持することへのこだわり。

　広汎性発達障害の中には知的障害を伴わない一群や，言語発達の遅れを伴わない一群がいます。前者を高機能自閉症と呼び，後者をアスペルガー障害と呼びます。

[8-3] ADHD（注意欠陥/多動性障害，Attention Deficit Hyperactive Disorder）

　注意力，集中力に欠け，じっとしていることができず，教室を落ち着きなく動き回るなどの多動を示したり，一切の見通しをもたずに衝動的に行動するなどの子どもを指します。これらのうちのどの症状（行動）が前面に出ているかの比重の具合により，「多動型」「注意欠陥型」「衝動型」と呼ぶこともあります。

[8-4] 学習障害（Learning Disorder，LD）

　知的発達に遅れはないのに書く，聞く，計算するなどの能力のうち，ある特定のひとつだけの技能や能力が，その全般的知能水準と比較して不釣合いなほどに著しく劣っている状態を言います。

[8-5] 肢体不自由児

　身体の外形あるいはその機能に異常があるために，日常生活に支障を来たしているものを言います。肢体不自由の原因は様々ありますが，わが国でその主なものは脳性まひです。かつては多かった脊髄性小児まひ（ポリオ）はあまり見られなくなりました。脳性まひは脳の病変の広がりによっては言語障害や知的発達障害を伴うことがあります。

9 認知症（痴呆）

　認知症（痴呆）は心の病ではなく脳の障害です。これも知的障害と同じく，知的な問題がありますが，知的障害が先天的に知的能力が発達していないのに対し，痴呆は一度発達した知能が永続的・不可逆的に低下または欠損した状態を言います。主なものとしては2種類あります。

　ひとつはアルツハイマー型痴呆です。原因ははっきりしていません。慢性的に進行する痴呆です。まず，短期記憶の機能低下を生じ，病状が進行すると長期記憶も損なわれます。また，うつ病に似た無関心や意欲の低下が見られたり，些細なことで感情を爆発させたりします。認知機能の低下が見られ，言語や空間認識が低下します。鏡に映った自分の姿を自分として認識することができず，鏡に向かって長時間話しかけたりします。病状が進行すると頭部CTやMRI検査で脳萎縮が見られます。

　もうひとつは脳血管性痴呆です。小さな脳梗塞によって脳機能が低下し，痴呆をきたすもので，発症が一般にアルツハイマー病よりも若く，男性に多いと言われています。発症は急激で，階段的に進行し，機能低下は局所に限定されるので，アルツハイマーのような全般的痴呆には至らず，人格はよく保たれ，ちょっとしたことで急に笑ったり泣いたり怒ったりする，などの特徴があります。

（中田行重）

読書案内——心の病・障害の参考書

空井健三編　1992　臨床心理学大系10　適応障害の心理臨床　金子書房
山中康裕編　1990　臨床心理学大系11　精神障害・心身症の心理臨床　金子書房
山中康裕編　1990　臨床心理学大系12　発達障害の心理臨床　金子書房
　　これらは臨床心理学大系のシリーズのうちの3冊で詳しくかつわかりやすく書いてあります。各5000円くらいする高い本です。大学の図書館などで借りましょう。
高野三郎・大野　裕・染矢俊幸訳　1995　DSM-IV　精神疾患の分類と診断の手引き
　　アメリカ精神医学会出版の診断分類マニュアルの翻訳です。

5 臨床教育学

1 臨床教育学とは

　わが国では学校に行かない子ども，つまり，不登校が学校現場の大きな問題となって既に長い時間がたっています。それに対して抜本的な解決は見つかっていません。いまでも不登校は多くの教師にとって深刻な問題です。いまは，教育に関係する問題は不登校に加え，さらにいろいろなものが時代の流れとともに増えてきました。いじめ，援助交際，自殺，少年犯罪，麻薬，いわゆる「気になる子ども」，虐待，ネット症候群など名前のついた問題だけでも多くのものがあります。しかしそれだけではありません。顕在化していなくても，現代の急激な社会変化に伴って，人格発達や心理的成長，人間関係に関して様々な悪影響が子どもに出ています。そのため，教師は担当科目を教えることに加え，子どもたちの心にどのように向き合うかが大変重要な課題になっています。

　臨床教育学というのは新しい学問です。教育実践学や教育人間学，臨床心理学などの延長線上にあって，個々のむずかしい事例への援助や地域社会への働きかけの実践を通して，新しい教育のあり方を求める総合的な学問です。子どもの心の問題に向き合うというと，「生徒指導」の担当の教師が各学校に配置されていますが，「指導」という名前が示すように，そこには管理・指導という発想があります。それに対して臨床教育学は個々の子どもの能力や可能性，豊かさを育むという視点から子どもの不適切行動への対応や教育システムを問い直していくものです。臨床教育学はまだまだ始まったばかりの学問であり，

これといった理論体系があるわけではありません。今後，多くの議論や理論が創出されることが望まれる領域です。ここでは，臨床心理学との関連なども含め，臨床教育学について考えておきましょう。

2　教育現場を考える―たとえば不登校のこと―

　まず，教育現場の問題について，不登校を中心に考えてみます。不登校は以前は登校拒否や登校拒否症などと呼ばれた時代を経て，もう長いこと学校の先生を悩ませています。いまではその数も多くなり，不登校の子どもがいない学校のほうがめずらしいほどになっています。また，不登校以外の問題が世間の注目を集めるようになったこともあって，マスコミでも不登校のことはあまり取り上げられることはなくなりました。とはいえ，いまでも教育に関する相談・カウンセリングの中で大きな件数を占めています。

　では，このように世間一般では不登校は「問題」として扱われていますが，はたして学校に行かないことは問題なのか？ということを考えてみてほしいのです。たとえば，学校に行くと酷いいじめに遭うので学校に行っていない子どもがいるとしましょう。その子が学校に行かないことは問題と言えるでしょうか？もちろん，ケースによって状況も背景も違いますから一概には言えませんが，そのような子が学校に行かない（行けない）のは十分了解できることでしょう。むしろ，学校に行かないという選択は自然なものと言えます。子どもがいじめられることをわかっていれば，親としても学校に行かせたくても，行かないでいい，という考えをもつことも十分了解できます。むしろ，酷いいじめに遭っているのに，学校に行き続けるほうが問題ではないか，という見方さえできます。もし，いじめられていても，誰にもそのことを告げられず，親や教師は学校に行くことを当然と思っていたとしたら，その子はとても苦しいでしょう。

　実際にいじめが原因で学校に行かなくなっている子どももいますが，この例を出したのは，話をわかりやすくするためです。しかし，たとえいじめに遭っていなくても，ほかに何か酷く辛いことがあるとしたら，その子が不登校になるのは当然でしょう。その「酷く辛いこと」というのが，教師や親や友人にと

ってはそのように感じられないことであっても，当の本人にとっては地獄の苦しみであることもあります。

　たとえば，給食を食べるのが遅い子やあまり量を食べることができない子にとって，給食を「きちんと食べなさい」と休み時間や帰りの掃除時間までかけてひとり食べさせられることが，地獄の苦しみの子どもはいるのです。実際，泣きながらも一生懸命に給食をひとりで食べる子はいますし，無理に給食を食べさせることが不登校のきっかけ（原因とは言えなくても）になることもあります。このような苦しみは食べることを苦手としていない子どもや大人にとっては理解しがたいことでしょう。そして「そのくらい食べられないとダメだ」と言って食べさせようとしたりします。子どもにとっては大変辛いものです。あるいは，言い方をもっと優しくして「頑張って」「君だったらできる」などと励ますこともあるでしょう。しかし，それがその子どもにとっては，言い方が優しいだけに余計にプレッシャーになることもあります。このように給食を最後まで残さずに食べさせようとすることが，その子どもを教育していることになるでしょうか。

　その一方で，給食を最後まで食べることを身につけることは大事な教育である，という考え方もあります。決められた量を食べたり，偏食なく食べられるようになることはその子の心身の成長に重要である，という考え方もできます。給食を食べることを通して，社会的なルールを守ることや課題を頑張ってこなすことも大事な体験である，という考え方もできます。

　そう考えると，結局，給食を食べさせるほうが良いかどうかは子どもによって違うでしょうから，クラス全員に一斉に「残さず最後まで食べさせる」という方針で良いのか？という問題が出てきます。そうかといって，ある子には全部食べさせ，別の子には全部食べなくて良い，という方針でいくことは不公平とか贔屓になりかねません。また，個別に対応するなどということは既に負担過剰でゆとりのなくなっている多くの教師にとって困難でしょう。

　こうして考えると，これはとてもむずかしい，深い問題であることがわかると思います。ことは給食だけに限りません。教育現場のあらゆることが，子どもにとって苦しい経験になりうる可能性をもっています。算数の仕方を覚えること，クラスで発表すること，テストを受けること，体育の授業を受けること

など，これら学校であたりまえのように行われることが子どもにとって苦しい経験になり得るのです。そして，どう考えるべきか，絶対的な答などないのです。教育とは何と深く，複雑な仕事であるかがわかると思います。さらにこうした一見些細なことが不登校のきっかけになり得るのです。それだけむずかしいことがころがっている学校という場に子どもが行かないとして，はたしてそれを「問題」と言えるでしょうか。

　こうして考えていくと，学校とは何をする場なのか？　教育とは何か？　という哲学的命題を避けて通ることはできません。皆さんにはこのような問題に対して教育学の立場からも学んでいただきたいし，それぞれの現場や子どもや教員との実際のかかわりを通してケースごとに考えていく姿勢をもってほしいと思います。各ケースごとに答が異なるので，現場にいる人は自信がもてず，常に迷います。しかし，それが大事なのです。常に迷う，というその姿勢こそが教育を含む対人援助職の実践における柔軟なあり様なのです。「これ」というひとつの考え方や方法をもっている人は自信をもっていそうで，一見頼もしく見えるものです。しかし，それは迷うことを放棄しているのです。たとえば，生徒に愛国心を植えつけることが教育の基本と考える教師や，どんな患者にも薬を処方するのがよいと考える医者などが，それにあたります。

　こう考えてくると，学校に行かない子どもがいる場合，「学校に行く」ことが当然と考えるのではなく，まず，学校に行くことがこの子どもにとって教育的と言えるかどうか，もし，この子どもの心身の成長を促そうとするには教師・学校の側はどうすればよいのか，などのことをケースごとに子どもや親との対話や援助の実践をしながら考える必要があります。それらは生徒指導という仕事でもあります。しかし，生徒指導という言葉には前述したように「指導・監督」という雰囲気があります。もちろん，生徒指導担当の先生がそういう雰囲気の先生ばかりではありません。しかし，生徒指導という視点から離れ，授業内容や課外活動などを含む学校での活動や，地域での活動全般を通して検討すべき点はないだろうか，という広い視点をもってみるのです。それが臨床教育学的な発想です。つまり，その子どもにとって真の意味での成長，発達，それを促す教育的刺激はどのようなものなのか？　また，子どもの才能や素質を大事にし，自己実現に近づける援助を行うには，学校や地域社会はどのよう

なあり方が必要で，教育制度や政策はどのようなあり方が必要かを見直していくという発想です。

ここで，心理療法の三大学派（第3章）は臨床教育学的発想とどのような関係にあるのかを考えておきましょう。これらのうちでは精神分析が明らかに病理モデルです。行動療法は必ずしも病理モデルとは言えませんが，治療モデルとは言えましょう。それに対して，来談者中心療法は個人のもっている，成長へ向けての潜在的な可能性に注目する，という点で成長モデルと言えます。また精神分析においても，早期の母子関係などに注目する理論には治療よりは育ちや成長に視点を向けているものもあります。

3 臨床教育学の社会的背景

いまや教育の問題は不登校だけではありません。昨今メディアをにぎわしている少年犯罪は社会を震撼させています。しかし，子どもによる犯罪だけでなく子どもが狙われる犯罪もおそろしいものがあります。また，報告される虐待児の数も増えています。いじめや暴力，自殺などの問題もありますし，援助交際や非行，売春，麻薬の問題も相変わらず起こっています。

しかし，これだけではありません。たとえば犯罪が起こった地域や学校では，たとえその直接の被害を受けなくても，その心的ショックや不安などの心的外傷後ストレス障害（PTSD）になる子どももいます。直接虐待を受けなくても，兄弟が虐待を受ける場に居させられることも大きな不安を作り出しています。いじめにかかわりたくないという気持ちからいじめの場から離れてはいても，そのことが結果的にいま起こっているいじめを増長させていることを知りつつその場を無視しなければならないことも，心が痛むことでしょう。また，人がいじめられているのを見て痛みを感じないように自分を変えてしまうしかない子どももいるでしょう。それも痛ましいことです。このように，事件や問題の当事者でなくても，その周囲に居るということだけでも，あるいはテレビなどでそのような事件を聞くだけでも，子どもの心に大きな不安を作り出してしまいます。加えて，子どもが事件に巻き込まれないようにという配慮から周囲の大人がいつも「外を歩く時は注意しなさい」などと子どもに言い続けることで，

子どもは基本的に人に対して信頼するという感覚が十分に育たないのです。

　このようにいまの子どもたちの状況は極めて厳しいものになっているため，対する教師の側も大きな負担を強いられています。担当科目の準備に加え，子どもへの対応，クラブ活動や委員会，研修など仕事の量は増え，質的にも神経をすり減らすような仕事が増えています。熱心にやればやるほど仕事の量は増えてきます。そのため，教師がバーンアウトしてうつ病になり精神科を訪れることもめずらしくありません。時々，子どもへの対応などというむずかしい問題に対応しようとしない教師がいますが，それも自分の身を守るための方策なのでしょう。また，逆に担当する子どものことを思って熱心に仕事をするあまり，自分自身の子どもへ十分に向き合うことができない教師もいます。学校で不登校の子どもへの対応を一生懸命やっているうちに気がつくと自分の子どもが不登校になっていた，と言ってカウンセリングを受けるようになる教師もいます。教師間の派閥の問題もあります。支配的なリーダー教師の派閥に入るかどうかで職場での立場が変わります。子どものことを考えて仕事をしようとしている教師にとって，派閥のことなどに割く時間はないのですが，頭を悩ます問題です。緊張感の強い対人関係の中で生きることに疲れてカウンセリングを受けるようになる教師もいます。さらに最近起こっているのは，教師に対する弾圧です。こういうむずかしい時代の子どもたちに，子どもが子ども自身を大事にできるような教育をしようとすると，そのことで教育委員会から処分されるという，思想統制のような事態が各地で起こっています。処分を避けたいと思えば，本意でなくても教育委員会の強制に従わざるを得ません。このように教師にとって，本当の教育をしようとすることは，ほとんど戦いなのです。

　このようにいまの教育の現場は大変な状態にあります。子どもにしても何が自分にとって意味あることなのかを感じ取れないような社会になっています。子どもに熱心だった教師が意味もなく処分されたとか，「悪い人」を取り締まるはずの警察が悪いことをしているとか，自分が偏差値を上げて入学しようとしている大学から，市民を尊重しない政治家や官僚が沢山輩出されているなど，枚挙にいとまがありません。世の中は何が正しいのか，子どもの自分にはとても判りません。結局，大人の言う通り，受験での点数を上げることだけが唯一の正しい選択，というような考え方になってしまいます。つまり，自分で

思考するのを回避してしまうことが精神衛生上よいということになるのです。自分を豊かにするための時間，たとえばじっくりと植物の成長を見届けたり，他の子どもとどんぐり拾いをする，などのことは無駄な時間にしか映らなくなるでしょう。これでは子どもは育ちません。

　また，子どもは自分の生き方を自分で作っていきたいという感覚を強くもっています。そのことは，プレイセラピーで元気になっていく子どもがわがまま勝手に自分の遊びをできるようになっていく様子などによく現れています。この感覚は自分の人生を自分の考えで作っていくという，人にとって最も大きな課題を遂行する上で重要なものです。ところが，上に記したように社会はあまりにも矛盾に満ちているのに，それに対して大人は社会を変えることができずに，そのことに無力感を抱いています。大人の無力感は今や日本の社会全体を覆っています。子どもは親の言う通りにならず親のする通りになる，と言いますが，大人の無力感も子どもにも伝播します。そう考えると，子どもへの教育の実践とは，子どもに対する時だけでなく，子どもと対面していなくても，自分自身が社会人として行動する時にも，そのことが子どもへの教育実践となっていることがわかると思います。

（中田行重）

読書案内──臨床教育学の教科書

河合隼雄　1995　臨床教育学入門　岩波書店
　　臨床教育学の必要性を臨床心理学の視点から書いた入門書です。
庄井良信　2002　癒しと励ましの臨床教育学　かもがわ出版
　　臨床教育学の必要性を教育学の視点から書いた良書です。

6 子どもの成長の理解

1 少子社会と子ども観

　子どもの姿を見かける機会が少なくなりました。それもそのはず。子どもの数がどんどん減っているのです。厚生労働省の「人口動態統計」によると、2003年の出生数は、112万3828人。戦後の1949年が269万人、第二次ベビーブームの1973年が209万人だったことを考えると、いかに少ないかがわかりますね。合計特殊出生率（15～49歳の女性の年齢別出生率を合計した数字。一人の女性が一生のうちに産む子どもの平均数）も、1947年4.54、1955年2.37と推移し、1975年に1.91と2を切ってから減り続け、2003年はついに戦後最低の1.29に落ち込みました。2003年の年齢別構成を見ると、15歳未満の年少人口は14.03％、65歳以上の老年人口は19.24％ですから、少子高齢社会をすっかり裏づけています。

　少子社会では、子ども観も否定的になるのでしょうか。たとえば、横須賀市子育て支援課が、2004年8月5日に発表した「高校生と大学生の結婚や子育てに対する意識調査」によると、高校生の9.6％が、結婚を「したくない」「できればしたくない」と答え、そのイメージとして「家事が大変そう」（25％）「子育てが大変そう」（21％）を挙げたそうです（毎日新聞2004年8月6日）。実際、子育ては大変ですし、子どもと接する機会が少ない高校生なら、そう思っても不思議はありません（ただし、標本数が52名〔うち男性29人〕と少なく、標本抽出も一公立高校に偏っているため、これは予備調査と位置づけられる）。

第6章 子どもの成長の理解

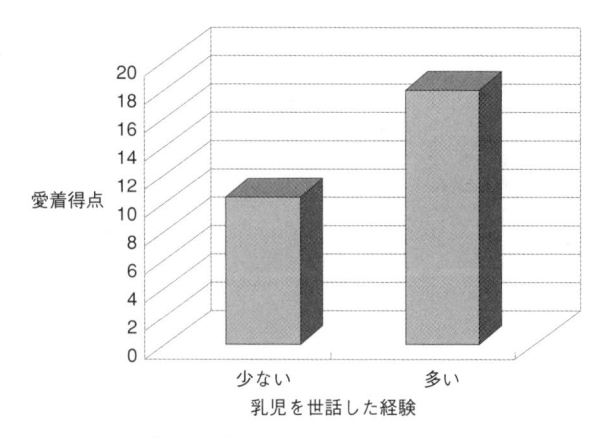

図6-1 女子大学生への質問紙調査（花沢成一, 1992, p.81, 表3-12を改変）

ここに興味深いデータがあります。花沢（1992）は，女子大学生を対象に，乳児を世話した経験（乳児接触体験質問紙「抱っこしたこと」「お風呂に入れたこと」「あやしたこと」「ミルクを飲ませたこと」など）と，子どもに対するイメージ（対児感情評定尺度「あたたかい」「ういういしい」「すばらしい」「ほほえましい」など）の関連を調べました。その結果，乳児を世話した経験の多いほうが，子どもに対して肯定的な感情（高い愛着得点）をもつことを見出しました（図6-1）。

子育ては学習行動のひとつです。松沢（2002）によると，動物園のチンパンジーの約半分が子育てをできず，人工保育になってしまうそうです。「産んだとたんにギャッと言って逃げてしまう。あるいは，逃げないのですが，あかんぼうをちゃんと抱けません。上下が逆さになったりする」のだそうです。あの天才チンパンジーの「アイちゃん」も，人形を使って赤ちゃんの抱き方を練習し，出産に臨んだのでした（松沢, 2002）。皆さんの中にも，子どもに関心のない人，子育てに自信がない人，いるでしょう。それでいいのです。子どもについての知識と経験を重ねることで，これらは解消されていくからです。それではさっそく，播磨（1988），心理科学研究会（2000）を参考にしながら，0歳から5歳までの発達を，以下にまとめてみましょう。

2　0歳児の世界

[2−1]　胎児期

　人生最初の大きさは，どれくらいなのでしょうか。受精卵は約 0.2mm，重さは 0.00004mg。それが約 38 週で，身長 50cm，体重 3000g になるのですから，驚異的な発達です。胎児期は，成長につれて名前が変わります。1〜2週を接合子（zygote），3〜8週を胎芽（embryo），9週以後を胎児（fetus）と呼びます。受精後3〜4週で，既に脳，脊髄，心臓，筋肉，脊椎，肋骨，消化管が形成されているというから，驚きです。妊婦のこの時期のアルコール摂取や喫煙は，胎児に特に影響しますから，注意が必要です。

[2−2]　新生児期

　かつて，赤ちゃんは無力であると考えられていました。たしかにヒトの場合，運動能力はありません。しかし，感覚能力は（視覚を除いて）大変優れていることが，1960年代以降，明らかになりました。メルツォフら（Melzoff & Moor, 1977）らの研究によると，生後2〜3週で舌出しの模倣をすると言います。フィールドら（Field et al., 1982）によると，生後2日で大人の表情の模倣ができるそうです。メレールら（Mehler et al., 1988）の研究では，生後4日で，母語と外国語を区別できると言います。デキャスパーら（DeCasper & Spence, 1986）は，胎児期に聞いていた『キャット・イン・ザ・ハット』（*The Cat in the Hat*）の物語を，新生児が覚えていたことを証明しました。これらは，乳児が生得的にもっている馴化（habituation）という性質を利用して，確かめられました。

　また新生児には，反射（reflex）と呼ばれる行動もあります。瞬目（eye blink），口唇探索（rooting），吸啜（sucking），把握（palmer grasp），歩行（stepping）などの反射が知られています。新生児の生活時間の第一位は睡眠。14〜15時間を，断続的に眠って過ごします（図6-2）。第二位はミルク（哺乳），第三位は泣く（不機嫌）。夜泣きに，赤ちゃんのペースにふり回されることもしばしばです。

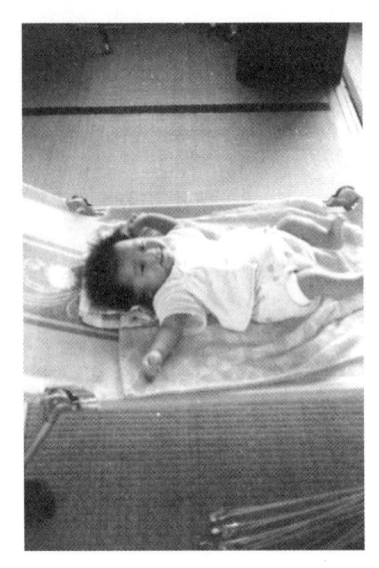

図6-2　新生児期，すやすや眠ります

[2−3] 2〜3か月

　首が据わります。人の顔を見るとよく笑い（社会的微笑 social smile），とてもかわいらしい時期です。視覚が発達し，焦点を対象にあわせることができるようになり（それ以前は30cmぐらいのところに焦点が固定されている），動くものを目で追うようになります。また，気分のよいときには声を出したり（cooing），喃語（babbling）も聞かれます。言葉はなくても，大人とちゃんとやりとりしているのです。

[2−4] 5か月

　原始反射が消失し，大脳皮質が発達します。ものをつかんで引き寄せ（目と手の協応），大切な人にだけ笑い（選択的微笑），離乳食が始まるのもこのころです。ウィン（Wynn, 1992）は，5か月児が，$1+1=2$ や $2-1=1$ といった簡単な算数的操作を理解できることを見出しました（図6-3）。数の加減について，あり得る事象とあり得ない事象を人形劇で見せ，後者を赤ちゃんが（不思議がって）注視することを見出したのです。

1＋1＝1あるいは2の条件の流れ

1. 対象物がケースの中に置かれる
2. スクリーンがあがる
3. 2番目の対象物が加えられる
4. 空っぽの手が取り去られる

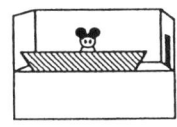

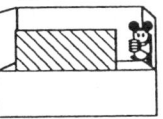

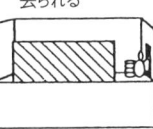

起こりうる結果
5. スクリーンがさがると2つの対象物があらわれる

起こりえない結果
5. スクリーンがさがると1つの対象物があらわれる

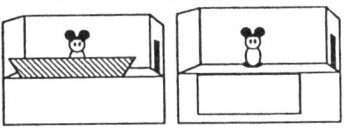

2－1＝1あるいは2の条件の流れ

1. 対象物がケースの中に置かれる
2. スクリーンがあがる
3. 空っぽの手がはいる
4. 1つの対象物が取り去られる

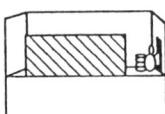

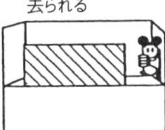

起こりうる結果
5. スクリーンがさがると1つの対象物があらわれる

起こりえない結果
5. スクリーンがさがると2つの対象物があらわれる

図6-3　赤ちゃんは足し算ができる?!　(出典：杉村伸一郎・坂田陽子編『実験で学ぶ発達心理学』ナカニシヤ出版, p.134, 図1より)

[2-5] 7～8か月

　睡眠と覚醒の生活リズムが形成されます。運動発達では，30分間ひとりで座れるようになり（座位完全），つかまり立ちも始まります。記憶がしっかりし，対象が視界から消えても，そこにあると理解できるようになります（対象の永続性　object permanence）。人見知り（stranger anxiety）が始まり，「いないいないばあ」（peekaboo）を楽しむようになるのも，このころです。

図6-4　ハイハイは画期的な行動です

［2－6］9〜10か月

　ハイハイがさかんになります（図6-4）。赤ちゃんにとって，ハイハイは革命的なこと。ギブソンら（Gibson & Walk, 1960）の実験によると，ハイハイし始めの赤ちゃんは，視覚的断崖（visual cliff）を平気で渡ろうとしますが，ハイハイに慣れてくると（恐怖の感情が芽ばえて）渡ろうとしません。移動できることで，奥行きの知覚が可能となるのです。また，大人が指さすと，それをちゃんと見ることもできます（指さしpointingの理解）。これは，大人との間で，対象を共有できるようになった証拠（注意の共有joint attention）です。あるいは，不安な時に，信頼できる他者の表情を見て判断するという行動も見られるようになります（社会的参照social referencing）。

3　1歳児の世界

［3－1］ヒトになる

　直立二足歩行，言葉，道具の使用。これを次々にやっていくのが1歳児です。

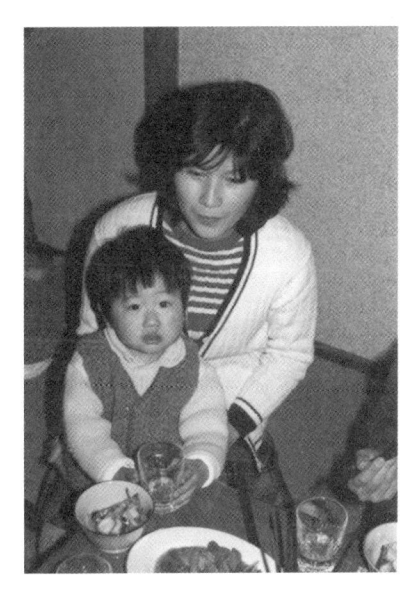

図6-5 楽しい食事のひととき

1歳前後に，日本語として初めて意味のある単語が登場します（初語）。不思議なことに，その後しばらく，語彙は増えません。しかし，言葉の理解はどんどん進みます。1歳6か月を過ぎるころから，ふたたび発語が増え，意思表示も達者になります。2歳近くになると，「まんま，ちょうだい」「ばあ，あっち」（おばあちゃん，あっちに行って）など，二語文も可能になります。また，指さしをしては，ものの名前をさかんに言い，大人の行動をまね，テレビや絵本に夢中になります。スプーンを持ってすくう（図6-5），自分から手を洗う，なぐり描きをする，積木を積むなどの行動も，できるようになります。

[3－2]「つもり」をもって活動する

「つもり」とは意志のことです。たとえば，子どもに「くつを取っておいで」と指示します。1歳6か月までは，他の刺激に左右されてうまく完遂できないのですが，1歳6か月を過ぎると，ちゃんと目標を遂行できると言います（近藤，1979; 播磨，1988, p.28 より引用）。しかし，つもりに反したことだと，首を横にふり，「いや！」「ないの！」「ちがう！」と拒否。これが，大人の泣きど

ころです。「自分」という概念ができつつあるのでしょう。子ども同士で、おもちゃの取りあいも始まります。自分の名前を言う、友だちの名前を理解できるなど、「自我の芽ばえ」が見てとれます。

[3-3] 1歳児の保育のポイント

まずは、意志を尊重したやりとり。「～しようね」と聞いて、子どもの返事を待ちます。あるいは、「～したかったんだね」と意志を確認します。こうすることで、尊重されているという感覚が育ち、意志を伝える意欲へとつながるのです。第二に、行動面での自立を促します。何ごとも、はじめからはできません。失敗してもイライラせず、少しずつ手助けしながら、子どもが自分でできるところを促していきましょう。時には禁止も必要です。ただし、やさしくていねいな説明を加えること。「頭に当たったら、けがをするでしょう？」「～ちゃんが使っているからね」と声をかけます。

4 2歳児の世界

[4-1] 運動発達

歩く、走る、跳ぶ、階段を上がるなど、運動発達がぐんと伸びます。お茶わんとスプーンを持って食べるなど、両手で異なった動作をするようになります。ボタンをとめたり、粘土を細く伸ばしたり、3歳近くになると閉じた丸を描いたり（これが最初の人物画となる）、手指の細かな動作も可能になります。トイレットトレーニングがはじまるのも、このころです。

[4-2] 拒否する力

1歳後半から、「拒否」が出てくることを述べました。この拒否する力がないと、次の段階に進めません。2歳6か月ぐらいになると、「大きい－大きくない」（→小さい）、「長い－長くない」（→短い）、「熱い－熱くない」（→冷たい）といった「対の世界」を理解します。また、「自分の－自分のではない」という対から、「みんな」を理解します。「自己」と「他者」の関係ができてくるわけです。そこから、「じゅんばん」や「～してから～する」といった「見通し」

も，もてるようになります。

[4－3] 見立て遊びと言語発達

　見立て（ごっこ）遊びができるようになります。たとえば，砂をごはんに，いすを車に，ブロックをカメラに見立てて遊びます。このような象徴機能を，ピアジェ（Piaget, J.）は前操作段階（preoperational stage）と呼びました。ただし，「ものの見立て」はできても，「私は店員，あなたはお客」といった「人の見立て」は，まだできません。ままごとをする場合も，みんなが「お母さん」になってしまいます。言語は100～300語を獲得しているといわれます。造語の使用や疑問詞の理解なども進み，「これ，なに？」と連発する質問期もやってきます。

[4－4] 2歳児の保育のポイント

　「表現したい！」という子どもの気持ちをまず大切に，言葉をうまく添えてあげましょう。失敗しても，またチャレンジする気になるように，「見通し」がうまくもてるように援助します。大人から見ると「とんでもない」考え方でも，子どもにとっては「つもり」に基づく立派な行動。半ばは大人の基準，半ばは子どもの目線でとらえることが大切です。

5　3歳児の世界

　3歳は反抗期と言われます。ただし，反抗期というのは大人の見方。本人としては，反抗しているつもりはなく，「もう赤ちゃんじゃない！」という自己表現なのです。運動発達では，片足とび（ケンケン）やボールを蹴るなど，平衡感覚が育ちます。はさみやお箸を使うといった手指の操作，衣服の着脱ができるなど，両手の協応が進みます。丸をたくさん描いてお話をつくる「丸のファンファーレ」，丸から足を出した「頭足人」など，この時期に特有の描画もあります。

[5-1] 反抗期

2歳代は何でもいやと言っていたのが，3歳代になると，言葉を駆使してへりくつを言います。強い自己主張へと変わるのです。ダダをこねる，かんしゃくを起こす，意地を張る，すねるなど，大人との対立も絶えません。しかし，反抗期は大切です。これを通して，

- 自己主張を通して，「固有の自分」を作っていく
- 他者とぶつかることを通して，「感情のコントロール」を覚えていく
- 他者とうまくやっていく「交渉力」が鍛えられる

など，大切な力も育っていきます。

[5-2] 認知と言語の発達

細かい形の区別や，2つの直角三角形で長四角形を作るなどの課題ができます。一方，服を反対に着るなど，ピアジェ（Piaget, J.）の言う自己中心性（egocentrism）が感じられる時期でもあります。ピアジェは，幼児期の思考の特徴として，

- 実念論（realism）：夢や空想などが実在すると考える
- 汎心論（animism）：あらゆるものは心をもっていると考える
- 人工論（artificialism）：あらゆるものは人間が作ったと考える

の3つを挙げました。

言語は，900～1000語を獲得していると言われます。「なんで」「いつ」といった疑問詞や，「～してから～する」といった複文，「なんで鳥は飛べるの？」といった，大人の意表をつく質問がたくさん出ます。しかし，構音はまだ未熟。構音が完成するのは5歳すぎと言われています。

[5-3] 3歳児の保育のポイント

ダダこね，かんしゃくは必要経費。粘り強く言いきかせ，我慢ができたらしっかり褒めましょう。「もうお兄ちゃんでしょ！」を，大人の都合で言わないこと。大人とのすれ違いも多い時，時にはしっかり甘えさせましょう。特にきょうだいが生まれると，赤ちゃん返りをすることもあります。遊びは子どもの仕事。しっかり遊ばせ，いろんな体験を。何でも吸収して，そのまま成長の肥

やしになる時期です。恐いもの知らずに見えても，気分の浮き沈みの多い時期。やはり大人の支えが必要です。

6　4歳児の世界

[6-1] 心の理論の獲得

　他者の心を推測し始める時期です。心理学では「心の理論」(theory of mind) と呼びます。ウィマーら (Wimmer et al., 1983) は，表6-1のような物語（誤信念課題 false belief task）を子どもたちに聞かせ，これに正解しはじめるのが4歳以降であることを見いだしました。また，バロン-コーエンら（Baron-Cohen et al., 1985）は，自閉性障害児がこれに正解しないことを見出しました。

　心の理論の獲得は，新たな世界をひらきます。
・うそがつける，悪口を言う，裏をかく，わざと間違える
・自制心が生まれる
・思いやり，相手を気遣う，いたわる

など，大切な力が育つのです。

　皆さんはすぐに，「うそはよくない」と思うかもしれませんね。しかし心理学的に言えば，うそは実に高度なコミュニケーションなのです。考えてみれば，うそというのは，相手の裏をかく行動。ですから，複雑な思考が必要です。子どもたちは，あんがい「本当」と「うそ」の世界を楽しんでいるのかもしれません。大人としては，その成長ぶりを喜ぶ余裕もほしいところです。『白雪姫』などの物語に関心をもつのもこのころ。「いつ，どこで，だれが，どうした」という「語りの様式」が確立され，仮定形も理解できます。「いっしょのおねがい！」といった，大げさな言葉も使います。そういえば，『となりのトトロ』のメイちゃんが，ちょうど4歳ですね。

[6-2] 並列処理ができる

　「～しながら～する」という並列処理が可能になります。運動発達では，のぼり棒（体を支えながら登る），はさみ（紙を切りながら回す）。あるいは，4

表6-1　「心の理論」の実験　(出典：杉村伸一郎・坂田陽子編『実験で学ぶ発達心理学』ナカニシヤ出版，p.192, 表1より引用)

条件	
協力条件	競争条件
[板の上のへりに付けられたマッチ箱が舞台]	[板の下のへりに付けられたカセットケースが舞台]

[男の子の人形が登場——お母さんを待っているマキシだと紹介する]

お母さんが買い物から帰ってきました。お母さんはケーキを作るためにチョコレートを買ってきました。マキシはお母さんが買ってきたものをしまうのを手伝います。マキシはお母さんに「チョコレートをどこにしまえばいいの？」とたずねました。お母さんは「青い戸棚の中よ」と答えます。
「あなたは小さすぎるから，私が持ち上げるまで待ってちょうだい」
お母さんがマキシを持ち上げました。
マキシはチョコレートを青い戸棚にしまいます（おもちゃのチョコレートを青いマッチ箱の中に入れる）。マキシは帰ってきてから，後で食べられるようにチョコレートを置いた場所をしっかりおぼえています。マキシはチョコレートが大好きです。それから，マキシは遊び場に出かけていきます（男の子の人形を退場させる）。お母さんはケーキを作る準備を始めます。青い戸棚からチョコレートを取り出して細かくし，それからお母さんは残りのチョコレートを青い戸棚ではなく，緑の戸棚にしまいました（そのため，おもちゃのチョコレートは青い戸棚から緑の戸棚へ移される）。そのとき，お母さんは卵を買うのを忘れているのに気がつきました。それで，お母さんは近所に卵を買いに出かけました。そこに，マキシが遊び場から帰ってきました。おなかがすいたので，チョコレートを食べたいと思っています（男の子の人形が再び登場する）。マキシは自分がチョコレートを置いた場所をまだおぼえています。
【信念質問】「マキシがチョコレートを探すのはどこですか？」
　　　　　（被験児は3つの箱のうちの1つを指し示さなければならない）

そう，マキシはそこを探すでしょう。でも，マキシは小さいので，そこにとどきません。そこへおじいさんがやって来ました。マキシは「おじいさん，僕が戸棚からチョコレートを取るのを手伝って」と言いました。おじいさんは「どの戸棚だい？」と尋ねました。	しかし，マキシがチョコレートを取り出す前に，お兄さんが台所へ来ました。お兄さんもチョコレートを探しています。お兄さんはマキシにチョコレートはどこか尋ねました。「なんてこった。お兄ちゃんはチョコレートを全部食べてしまうだろう。お兄ちゃんがチョコレートを見つけないように，間違った場所を言わないと」とマキシは考えました。

【発言質問】「マキシはチョコレートがどこにあると言うでしょう？」
　　　　　（指し示された箱が開けられる）
【現実質問】（開かれた箱が空だった場合にだけ尋ねられる）「本当はチョコレートはどこにありますか？」
【記憶質問】「あなたはマキシが最初にチョコレートを置いた場所をおぼえていますか？」

数の復唱（聞きながら覚える）やルール遊びができるようになります。また，数の世界へ入っていくのもこのころです。〜数えてから探す，〜個ずつ配る，〜回で交代する。言語発達も，外言から内言 (inner speech) へ移行し，行動

調整としての言語が機能し始めます。「2つの世界」がわかることで,悩むようになるのもこの時期。生と死についても,子どもなりの理解をしています。

[6-3] 4歳児の保育のポイント

悩み多き年ごろ,子どもたちは人知れず悩んでいます。気持ちの揺れを受けとめながら,一貫した暖かい関心を示しましょう。大人にとっての「ききわけ」ではなく,子どもの内面に根ざした自制心を育てます。子どもの物語を大切にすると同時に,ルールの認識を促します。

7　5歳児の世界

[7-1] あいだの世界がわかる

服部(2000)に従って,まとめておきましょう。運動発達では,自転車,竹馬,鉄棒,うんてい,縄跳び,跳び箱,プールなど,力の加減ができるようになります。

絵画配列(picture arrangement)の課題では,「いま」が「まえ」と「あと」の間にくることが理解できます。これは,心の中に「過去-現在-未来」の時間軸が生まれたことを意味します。また,2歳の「対の世界」(大-小)から,「中間の世界」(大-中-小)へ移行します。「だんだん大きくなるように丸を描いて」といった系列化(seriation)の課題が,試行錯誤しながらも可能になります。相手にとっての左右も理解でき,自分の中心が定まります。

言語表現も,「好き-嫌い」の二分法から,「ちょっとだけ好き」「どちらでもない」「ふつうくらい」「こわかったけどやさしかった」など,微妙なニュアンスや複雑な表情を表現できるようになります。「物語の作り手」になるのです。「あのね,そしてね」と文をつないで説明し,「違うけど同じ」といった理解や,「まあ,いいよ」と認めあえる人間関係,「とりあえず,こうしよう」と譲歩できる人間関係も生まれます。探検遊びや冒険の世界が大好きで,しばしば大人を困らせる時期でもあります。

[7−2] 文字の世界へ

　読み書き能力の発達も特徴です。この発達は女児のほうが早いと言われています。清濁半濁撥音71文字のほとんど（60〜71文字）を読める子どもの割合は，4歳の女児37.4％，男児30.1％，5歳の女児71.5％，男児56.2％となっています。この性差も，小学校1年生の9月には解消されると言います（内田，1989）。

[7−3] 5歳児の保育のポイント

　絵本『はじめてのおつかい』（筒井・林，1976）に見られるように，家と幼稚園の間に，子どもたちだけの第三の世界ができます。その世界の広がりを大切にしましょう。時にはうそもつきますが，彼らのファンタジーの豊かさを尊重します。一方，当番，役割，ルールを明確に教え，小学校へ向けての希望と自信を育てます。

（串崎真志）

読書案内──発達心理学の教科書

播磨俊子　1988　子どもの発達子どもの世界　法政出版（京都）
心理科学研究会編　2000　育ちあう乳幼児心理学──21世紀に保育実践とともに歩む　有斐閣
　　各年齢の発達を，豊富なエピソードとともにわかりやすく記述。まずはこの二冊から。
岡本依子・菅野幸恵・塚田-城みちる　2004　エピソードで学ぶ乳幼児の発達心理学──関係のなかでそだつ子どもたち　新曜社
　　豊富な写真やエピソードに，理論的な解説も充実した，もっていて損のない教科書。
無藤　隆・岡本祐子・大坪治彦編　2004　よくわかる発達心理学　ミネルヴァ書房
　　乳幼児期だけでなく，児童期や成人期，発達援助についても網羅した教科書。
杉村伸一郎・坂田陽子編　2004　実験で学ぶ発達心理学　ナカニシヤ出版
　　論文を解説する形で構成されたユニークな教科書。専門的に学ぶ人の必携書です。
Hetherington, E.M. & Parke, R.D.　1999　*Child Psychology: A contemporary viewpoint, Fifth Edition.* McGraw-Hill College: Boston.
Berk, L.E.　2003　*Child Development, Sixth Edition.* Allyn & Bacon: Boston.
　　専門的に学ぶ人は，ぜひ英語の教科書を読もう。インターネットで，だれでも入手できます。

文　献

Baron-Cohen, S., Leslie, A.M., & Frith, U.　1985　Does the autistic child have a "theory of mind"? *Cognition,* **21**, 37-46.
DeCasper, A.J. & Spence, M.　1986　Newborns prefer a familiar story over a unfamiliar one. *Infant Behavior and Development,* **9**, 133-150.

Field, T.M., Woodson, R., Greenberg, R., & Cohen, D.　1982　Discrimination and imitation of facial expressions by neonates. *Science*, **218**, 179-181.
Gibson, E.J. & Walk, R.D.　1960　The "visual cliff." *Scientific American*, **202**, 64.
花沢成一　1992　母性心理学　医学書院
播磨俊子　1988　子どもの発達子どもの世界　法政出版(京都)
服部敬子　2000　5, 6歳児　心理科学研究会編　育ちあう乳幼児心理学——21世紀に保育実践とともに歩む　有斐閣, pp.183-205.
松沢哲郎　2002　進化の隣人ヒトとチンパンジー　岩波新書赤版819
Mehler, J., Jusczyk, P.W., Lambertz, G., Halsted, N., Bertoncini, J., & Amiel-Tison, C.　1988　A precursor of language acquisition in young infants. *Cognition*, **29**, 143-78.
Melzoff, A.N. & Moor, M.K.　1977　Imitation of facial and manual gestures by human neonates. *Science*, **198**, 75-78.
心理科学研究会編　2000　育ちあう乳幼児心理学——21世紀に保育実践とともに歩む　有斐閣
筒井頼子作・林 明子絵　1976　はじめてのおつかい　福音館書店
内田伸子　1989　幼児心理学への招待——子どもの世界づくり　サイエンス社
Wimmer, H. & Perner, J.　1983　Beliefs about beliefs: Representation and constraining function of wrong beliefs in young children's understanding of deception. *Cognition*, **13**, 103-128.
Wynn, K.　1992　Addition and subtraction by human infants. *Nature*, **358**, 749-750.

7 基礎心理学から学ぶ

　基礎心理学には，学ぶべき興味深い研究がいくつもあります。ここでは，生理心理学から睡眠研究と，神経心理学から脳損傷と視覚情報処理の研究を紹介します。

1　睡眠の不思議

[1－1] 睡眠とは何か

　考えてみれば，私たちは，人生の約3分の1を眠っています。この時間を活動できたら，もっと有効に過ごせるのに，と考えたことはありませんか。私たちはどうして，夜になると眠くなるのでしょう。実は，睡眠を定義することは，いのちを定義するのと同じくらい，むずかしいのだそうです。

　たとえば，カタバミという植物は，「夜になると葉をとじて眠っているようにみえる」（井上，1988, p.40）そうです。あらゆる生物は，約1日のリズム（概日リズム circadian rhythms）をもっていますが，植物のこのような現象を，睡眠とは呼びません。睡眠は脳の休息のため，つまり脳をもつ生物だけに存在すると考えられているからです。では，脳があればいいかというと，それも微妙です。たとえば，ゴキブリに睡眠があるかどうかを考えてみましょう。独特の休息場所（ねぐら）と休息姿勢（寝相）があり，外からの刺激に対する反応がにぶくなり（ねぼけ），1日の時刻の影響を受け，休息をさまたげると「はねかえり現象」（埋め合わせ）が起こることから，睡眠があるという研究者もいます（井上，1988, p.41）。しかし，無脊椎動物の脳波は，活動と休息に対応して変化しないので，この程度の基準で睡眠を定義するには無理だ，と考える

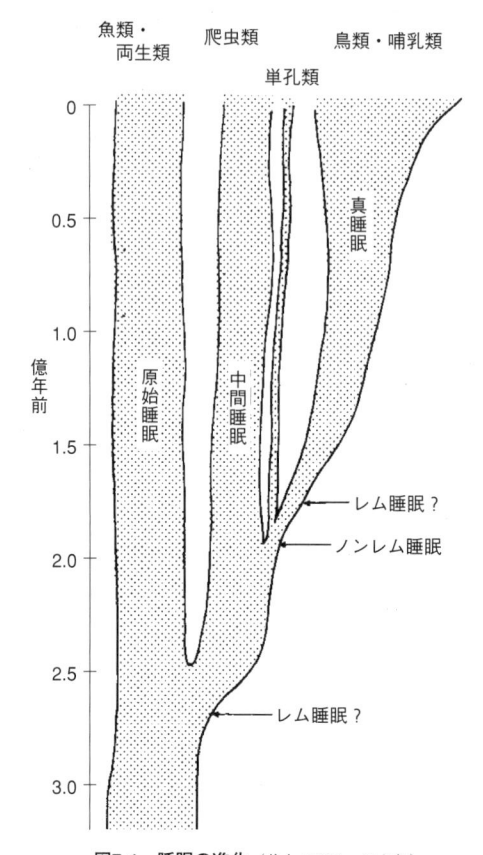

図7-1 睡眠の進化 (井上, 1988, p.45より)

学者も多いそうです (井上, 1988, p.42)。では, 脊椎動物ではどうでしょうか。魚類や両生類の脳波には, 特別な変化は見られません。爬虫類はどうかというと, たとえば, クサガメやイシガメは昼行性で, 活動と休息の状態に対応して, 脳波や心拍などが明瞭に変化すると言います (井上昌次郎, 1988, p.44)。恒温動物の鳥類と哺乳類では, 脳波の変化からはっきりと睡眠を定義することができます (図7-1)。ですから, これをもって「真睡眠」を呼ぶこともあるそうです。また, ジリスなど, 一部の動物の冬眠は睡眠ではなく, 特殊な「覚醒」であると考えられています (井上, 1994, p.91)。このような現象も, 睡眠の興味

深い点ですね。

[1−2] 2つの眠り

　睡眠を脳波（electroencephalogram）で測定すると，レム睡眠（Rapid Eye Movement sleep）とノンレム睡眠（non-REM sleep）の2種類に分類できることは，どこかで聞いたことがあるでしょう。レム睡眠は，1953年に発見された眠りで，筋肉は弛緩していても，時おりピクッとけいれんしたり，まぶたの下では眼球がキョロキョロと動き，脳波としては活発な動きを表します。ノンレム睡眠は，いわゆるやすらかな眠りで，浅いまどろみから深い熟睡まで，4段階に分類されます。深いノンレム睡眠のときには，脳下垂体から成長ホルモンが分泌されており，まさに「寝る子は育つ」となります。レム睡眠とノンレム睡眠はペアになって，90分の睡眠単位を作っています。一晩に，これを4〜5回繰り返して目覚めるというわけです（図7-2）。ノンレム睡眠は，「大脳を鎮静化するための眠り」で，レム睡眠は，ノンレム睡眠のあとに出現し，「大脳を活性化させるための眠り」，つまりは覚醒に向けた準備をしていると考え

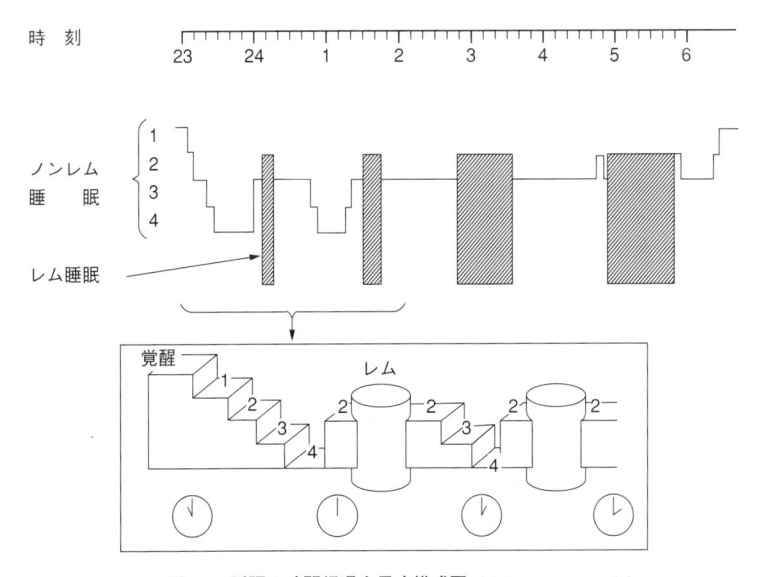

図7-2　睡眠の時間経過を示す模式図（井上，1988, p.17より）

られます（井上，2000, p.29）。脳内には，睡眠を促したり維持する睡眠物質がいくつもあります。そのひとつであるプロスタグランディン（prosta-glandin）D2という物質は，脳膜で作られることがわかっています。

[1－3] 睡眠障害

　2003年2月26日，山陽新幹線の広島発東京行き「ひかり126号」の運転士が，居眠り運転をしてしまい，岡山駅で急停止するという事故がありました。この運転士が，後に「睡眠時無呼吸症候群」（sleep apnea syndrome）と診断されたことは，皆さんの記憶に新しいことでしょう。睡眠時無呼吸症候群は，無呼吸によって，夜間の睡眠が妨害される病気です。呼吸が10秒以上止まる症状が，ひと晩（7時間）に30回以上あるいは1時間に5回以上ある状態を診断します。大きないびきも特徴です。深い睡眠がとれないため，日中に強い眠気に襲われます。日本における頻度は，男性で3.28％，女性で0.5％と言いますから，決して少なくありません（井上，2000, p.88）。日本に少なくとも約100万人の患者がいるそうです。乳幼児突然死症候群（sudden infant death syndrome）も，睡眠時無呼吸による低酸素状態から覚醒できずに生じる現象であることが，東京女子医科大学の澤口聡子さんの研究でわかってきました（毎日新聞，2004年7月31日朝刊）。

　日中の眠気という点では，ナルコレプシー（narcolepsy）という病気も深刻です。手紙を書いている時，車を運転している時，会話を楽しんでいる時など，普通では考えられない時に，とつぜん眠気に襲われるのです。一日に何回も生じます。睡眠時無呼吸症候群との違いは，情動脱力発作（cataplexy）がみられること。情動脱力発作とは，強い感情の変化によって，骨格筋の緊張がとつぜん失われてしまう現象で，レム睡眠が急に生じたと考えられます。ナルコレプシーは，一般人口の0.03〜0.18％に見られると推定され，日本人は世界で最も高い有病率を示すそうです（井上，2000, p.83）。10代に発症することが多く，14歳ごろにピークがあると言われています。

　このほか不眠症（insomnia）に悩む人はたくさんいます。1996年から，科学技術庁の科学技術振興調整費による「日常生活における快適な睡眠の確保に関する総合研究」が発足し，その成果は，早石修・井上昌次郎編，吉永良正構

成『快眠の医学——「眠れない」の謎を解く』（日本経済新聞社, 2000年）として刊行されています。

2　視覚の不思議

[2－1] 見えているのに見えない

ラマチャンドランとブレイクスリー（Ramachandran & Blakeslee, 1998）の『脳のなかの幽霊』（山下篤子訳, 角川書店, 1999）に, 次のようなエピソードがありました（第6章　鏡のむこうに）。

> 母親のエレンは, 卒中でカイザー・パーマネント病院に二週間入院して, 昨夜家に帰ってきたばかりだった。母はいつも身なりに気を配っていた。服装も化粧も完璧なマーサ・スチュアート風で, 髪もきれいに整え, マニキュアは上品なピンクか赤。しかし今日は, ひどくおかしい。頭の左半分は, もともとカールのかかった髪がブラシもあてられず, 鳥の巣のようにくしゃくしゃなのに, 右半分はきれいに整えてある。緑色のショールが右肩からぶらさがり, 床に引きずっている。上下の唇の右半分にあざやかな赤の口紅をつけ, 残りの半分は何もつけていない。同じようにアイライナーとマスカラも右眼だけで, 左眼はそのままだ。仕上げのチークも右の頬にだけ入れてある（Ramachandran & Blakeslee, 1998, 訳書 p.158）。

これは半側空間無視（unilateral spatial neglect）と呼ばれる症状です。視覚刺激は, 脳の後部にある一次視覚野から, 頭頂葉にむかう「where」の経路と, 側頭葉に向かう「what」の経路という2つの経路を通って伝達されます（図7-3）。ところが, 半側空間無視の患者は, 右側の頭頂葉に損傷がある場合が多いので, 空間位置の認識ができない。そのため,「何か」は見えていても, 注意を向けることはない, という奇妙な現象が起こると考えられます。その証拠に, 家が2軒, 上下に描かれた絵を見せました。2軒の絵はまったく同じですが, 上の家は左側の窓から炎と煙が噴き出しています。患者は, 2軒の家が同じだと答えますが,「どっちの家に住みたいと思いますか？」と聞き, しいて選ばせると,「とくに理由はないが」下の火事になっていない家を選ぶのです（Ramachandran & Blakeslee, 1998, 訳書 p.163）。

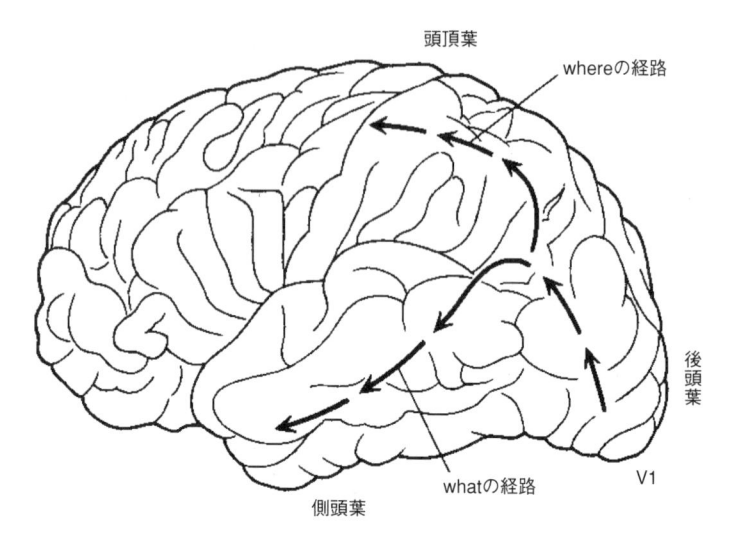

図7-3 視覚情報処理の二つの経路（苧阪, 1998, p.63より）

[2−2] 動いているものが見えない

動いているものだけが見えない，という症状もあります。コマ送りのように見えてしまうのです。

> 彼女は動いているものが見えない，と訴えました。たとえば，カップにコーヒーをそそぐとき，液体が流れるようすが観察できず，ちょうどカップにコーヒーが適量はいった瞬間に止めることができずこぼしてしまったりするのです。コーヒーポットから流れる液体の運動も，カップの液面が上がってゆくようすも，知覚できないのです。LMさんには，液体の流れは，凍った氷のように見えてしまうのだそうです（苧阪, 1998, p.93）。

LMさんは昏睡状態で病院に運ばれてきた43歳の女性です。脳の断層写真によると，V5（MT野）と呼ばれる運動視に関する部分に傷害を受けていたとのことです（図7-4）。

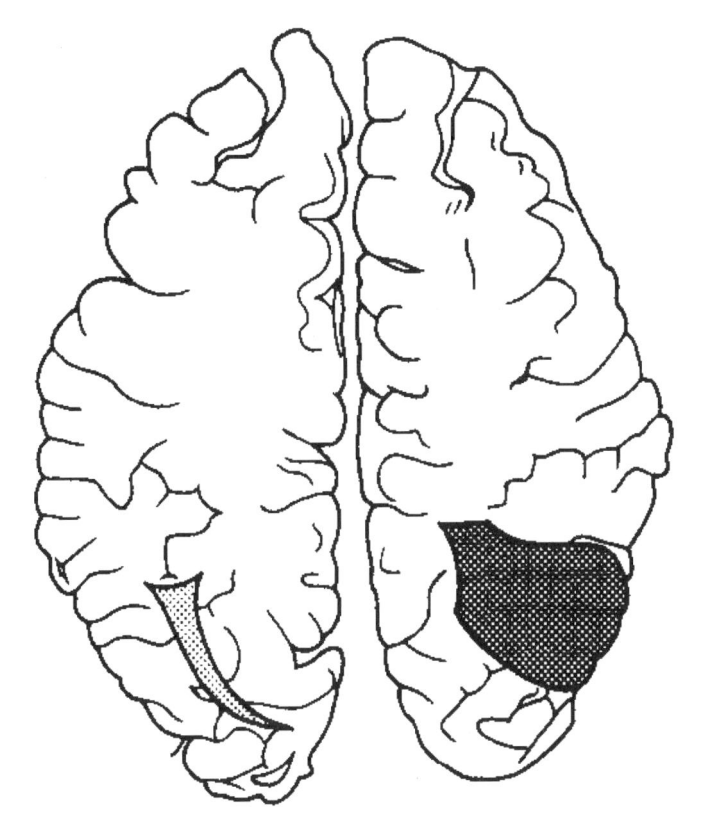

図7-4 LMさんの脳の水平断面画像（苧阪, 1998, p.95より）

[2－3] 見えないのに見えている

見ているという意識なしに，ものが「見える」現象もあります。盲視 (blind sight) と呼ばれる，とても不思議な症状です。盲視が初めて認められたのは，第一次世界大戦の時だそうです（Carter, 1998, 訳書 p.271）。視力を失った兵士が，自分ではそれと気づかずに銃弾をよけたのです。神経心理学者のラリー・ワイスクランツ（Weiskrantz, 1986）によると，DBさんという患者は，一次視覚野を損傷していて，視野の一部が欠けているのに，見えない視野を通過する目標を正確に指さすことができたと言います。さらに，目標の形や向きまで言いあてますが，本人はそのことに気づいていません。「さあ，わかりま

せん。何も見えませんから」と答えるのです（Carter, 1998, 訳書p.272）。一次視覚野を損傷していても，V5（MT野）と呼ばれる運動視を担う部分は機能しているので，このような現象が生じると考えられます。このような盲視は，原始的な視覚系の名残りではないかと考えられています（Carter, 1998, 訳書p.271）。トカゲなどがもっている，動く対象に反応するメカニズムです。

[2－4] 見えるけどわからない

見えるけどわからない，という症状もあります。これは失認（agnosia）と呼ばれる現象です。特に顔の認識ができない場合を，相貌失認（prosopagnosia）と言います。相貌失認の患者は，顔だけで人を見分けることができません。声や身長や髪型など，顔以外の情報で推測するしかないのです。相貌失認は，図7-3でいうwhat経路の損傷によって生じると考えられます。特に紡錘状回（lateral fusiform gyrus）の外側部がかかわっているとされています（野村, 2004, p.89）。

[2－5] 見えているのに納得できない

見えているのに納得できない，という症状もあります。上述の『脳のなかの幽霊』には，次のようなエピソードがありました（第8章　存在の耐えられない類似）。アーサー（31歳）は，自動車事故で頭をフロントガラスに強打し，3週間も昏睡状態だったと言います。外見はすっかり正常に戻ったように見えましたが，ただひとつだけ，信じがたい妄想がありました。両親を偽者だというのです。

> 「アーサー。この病院まで，だれに連れてきてもらいましたか？」とたずねた。「待合室にいる男性です」とアーサーは答えた。「僕の面倒をみてくれている老紳士です」「つまりあなたのお父さんですか？」「いいえ，先生。あの人は僕の父じゃありません。似ているだけです」（中略）「確かに外見は僕の父とそっくりですが，本当はちがうんです。彼はいい人です。でも絶対に僕の父じゃありません！」「しかしアーサー，なぜその男性はあなたのお父さんのふりをしているんです？」
> 　アーサーはあきらめたような悲しげなようすで答えた。「そこが変なところなんです，先生。僕の父のふりなどだれがしたがるでしょうか」。彼はとまどいな

がら説得力のある説明を探しているように見えた。「たぶん本当の父が、僕の面倒をみるために彼を雇ったんじゃないでしょうか。あの人が僕にかかる費用を払えるようにお金をわたして」(Ramachandran & Blakeslee, 1998, 訳書, pp.209-210)。

父親を別人だと断固として言い張る。これはカプグラ症候群（Capgras syndrome）と呼ばれる症状です。

> たとえばカプグラ症候群は、身近で大切な人がロボットや宇宙人に乗っ取られたとか、実在の何かと入れかわったと信じこむ状態だ。（中略）それでもカプグラ症候群の患者は、うまく説明できないが根本的なところで別人になっていると感じる。その確信があまりに強いので、家族や友人を攻撃したり、「なぜ本物を殺したのか」と食ってかかったりするほどだ（Carter, 2002, 訳書p.285）。

カプグラ症候群は、扁桃体（amygdala）の損傷と関係しています。扁桃体は、視覚刺激に対して感情的な情報を付加する部位です。「慣れ親しんでいる人や所有物への愛着を生み出す1つの時限である可能性がうかがえる。そうした症候群は人物のみならず、自己の所有する時計、犬などの動物に対しても及ぶ」（野村, 2004, p.95）と言います。見えているのに、感情的な意味づけができず、強い違和感を覚えてしまうのでしょう。

もうひとつ。鏡に映った自分を自分だと認識できない症状もあります。これは「鏡像誤認」（mirror self-misidentification）と呼ばれます。鏡像誤認は、「自らの鏡像を対象としたカプグラ症候群」(Feinberg, 2001, 訳書p.116)。ファインバーグ（Feinberg, 2001）が紹介しているスーザンは、家族や医師、隣人たちについては正確に認識できるのですが、自分の像だけは他人と思ってしまう。新しい知人だと勘違いして、鏡の中の自分と会話をします。「彼女、いいひとです……（中略）あのひととは最近知り合ったんですし、わたしは意外だったんです」(Feinberg, 2001, 訳書p.115)。スーザンには、右側頭部の頭頂部に萎縮が見られたといいます。

3 まとめ

　ここに紹介したのは，それぞれの研究分野のごく一部です。睡眠研究からは，私たちがあるリズムをもって生きていることがわかるでしょう。視覚研究からは，「見える」という現象が，「見える／見えない」の単純な二分法ではないことがわかります。たとえばリズムについて，私は次のように書きました（串崎, 2004, pp.192-193）。

　　睡眠がなぜ興味深いかというと，生命のリズムの話だからです。リズムというのは，私たちは，いかに区切りをつけながら生きているか，という話でもあるのです。逆に，区切りをつけられない状態は，心身の不調といえるでしょう。人は，区切りをつけられなければ，次へ進めないからです。たとえば，外出恐怖の人は，いまの場所からつぎの場所へ移動する区切りをつけられない。きちょうめんの程度がすぎる強迫性障害では，自分のなかの観念的な秩序の「外」に出られない。
　　不登校は，学校に行かないことが問題なのではなく，学校以外の選択肢へ進めなくてたいへんなのです。彼らは，いつも学校のことが気になっています。つまり，家にいても「学校の時間」を過ごしているわけです。卒業を契機に，「学校の時間」に区切りをつけて，自分の選択肢に進む人もいます。

　基礎心理学は重要です。様々な現象の理解だけでなく，ものごとを柔軟に考える見方を身につけることができるからです。本章では紹介しませんでしたが，このほかにも，記憶やアフォーダンス（佐々木, 1994；三嶋, 2000）など，学ぶべき興味深い研究がいくつもあります。

（串崎真志）

読書案内

井上昌次郎　1994　ヒトはなぜ眠るのか　ちくまプリマーブックス 85
　ヒトのリズムに関心がある人におすすめです。
リタ・カーター　藤井留美訳　1999　ビジュアル版 脳と心の地形図——思考・感情・意識の深淵に向かって．原書房
　最新の脳科学を全ページカラーで解説。眺めるだけでも楽しい本です。
竹原卓真・野村理朗編著　2004　「顔」研究の最前線．北大路書房

知覚心理学，認知心理学，発達心理学，社会心理学など多方面から，顔認識に挑む。ひとつのトピックに学際的にアプローチする，よいお手本です。

文　献

Carter, R.　1998　*Mapping the Mind*. University of California Press.（藤井留美訳　1999　ビジュアル版　脳と心の地形図——思考・感情・意識の深淵に向かって　原書房）

Carter, R.　2002　*Consciousness*. University of California Press.（藤井留美訳　2003　脳と意識の地形図——脳と心の地形図2ビジュアル版　原書房）

Feinberg, T.E.　2001　*Altered Egos: How the brain creates the self*. Oxford University Press.（吉田利子訳　2002　自我が揺らぐとき——脳はいかにして自己を創りだすのか　岩波書店）

早石 修・井上昌次郎編　吉永良正構成　2000　快眠の医学——「眠れない」の謎を解く　日本経済新聞社

井上昌次郎　1988　睡眠の不思議　講談社現代新書887

井上昌次郎　1994　ヒトはなぜ眠るのか　ちくまプリマーブックス85

井上昌次郎　2000　睡眠障害　講談社現代新書1514

串崎真志　2004　悩みとつきあおう　岩波ジュニア新書486

三嶋博之　2000　エコロジカル・マインド——知性と環境をつなぐ心理学　NHKブックス

野村理朗　2004　顔と認知神経科学　竹原卓真・野村理朗編　「顔」研究の最前線, 85-104

苧阪直行　1998　心と脳の科学　岩波ジュニア新書298

Ramachandran, V.S. & Blakeslee, S.　1998　*Phantoms in the Brain: Probing the mysteries of the human mind*.（山下篤子訳　1999　脳のなかの幽霊　角川書店）

佐々木正人　1994　アフォーダンス——新しい認知の理論　岩波科学ライブラリー12

Weiskrantz, L.　1986　*Blindsight: A case study and its implications*. Clarendon Press.

8 カウンセリングの実際

1 カウンセリングの実際のプロセス

　まず,個人カウンセリングがどのような流れで行われるのかを学び,全体像を把握しておきましょう。その上で,実際にどのように行われるのかを理解しましょう。カウンセリングの開始の仕方や,そこからどのように進展するかはいろいろな場合があります。そこで,ここでは心理相談センターのような場で行われる典型的なプロセスを示しておきます。

　1. 面接予約　まず,相談者は自分が相談を受ける場所に電話をします。というのも,カウンセリングは通常,予約制なのです。この時点で相談内容の概略を伝え,時間や料金などの情報を確認した上で,カウンセリングを申し込みます。

　2. 受理面接(インテーク面接)　予約した時間にカウンセリングにやってきたクライエントは,どのようなことを相談したいのかをカウンセラーに話します。カウンセラーも,クライエントに必要な質問を行います。そうしたやり取りを経て,カウンセラーはこの相談がカウンセリングを適用することが望ましいかどうかを判断します。もし,カウンセリングが望ましいと判断されたら,2人は今後のカウンセリングの目標や来談時間を話し合いの上で決めます。

　3. カウンセリング　多くの場合は週に1度,50分のペースでカウンセリングが行われます。ここでクライエントは,問題を解決するための方法につい

てカウンセラーから助言を得たり，2人で一緒に考えたりします。
 4. 終結　当初の目的であった問題の解決が見られたらカウンセリングは終結となります。

　心理相談センターのような場所では，大体このようなプロセスでカウンセリングは進展します。しかし，その心理相談の場所が異なると，カウンセリングのプロセスも違ってきますし，また，カウンセラーの考え方によってもプロセスに違いが出てくることがあります。たとえば，精神科や心療内科の病院やクリニックの場合だと，初めての患者さんは必ずしも電話予約によってやってくるわけではありません。医療機関ですから予約せずに飛び込みでやってくる人のほうが多いのです。そして，やってきたら，先ず患者さんに会うのは心理士ではなく，医者であるのが普通です。医者が診察し，その上で心理カウンセリングが必要と判断した場合に，医者からカウンセラーに心理面接の依頼がなされるのです。つまり，薬物療法だけでよい，と医者が判断したらカウンセリングは行われませんし，しばらく入院して状態が落ち着いてからカウンセリングを始めるように依頼があることもあります。また，カウンセリングの形態として外来だけでなく，入院患者に対して行われることもありますし，困っている本人ではなく家族が来談することもあります。カウンセラーの考え方やクライエントの問題によっては，週に1回ではなく，隔週に1回のこともあります。
　次に受理面接（インテーク面接），カウンセリング，終結について順に，もう少し具体的に考えてみましょう。

2　受理面接（インテーク面接）の実際

　受理面接とは初めてクライエントが相談の場所に訪れた時に行う面接のことです。これにもいろいろな考え方の立場があり，それに応じてやり方も異なりますが，それらに共通しているのはこの面接の大きな目的が，クライエントが相談しようとしていることがはたしてカウンセリングによる援助が向いているかどうかを判断する，ということです。そのために，クライエントの相談内容は既に電話申し込みの時点である程度は聞いていることも多いのですが，ここ

ではじっくりと聴くことになります。ただ聴くだけでなく，カウンセラーが細部を明確にするために質問することもあります。この，クライエントの相談内容のことを「主訴」と言います。また，相談内容の背景として病歴，治療歴や生育歴，家族構成などもカウンセラーのほうから質問することが少なくありません。そして，主訴に対して実現可能な目標とカウンセリングの方法や頻度，料金などをカウンセラーとクライエントが話し合い，合意できるようであれば，次回以降のカウンセリングの予約をして終わります。これを「治療契約」といいます。主訴によっては心理カウンセリングよりも他の相談機関がよいと判断される場合には，そちらを紹介することもあります。

ただし，カウンセリングの適用が望ましいかどうかの判断が困難な場合があります。一見カウンセリングが向いているようではあるが，カウンセリングという仕事をやっていくだけの，いわゆる自我の強さがあるかどうか，別の言い方をすると「病態水準」が重過ぎはしないかなど，判断がむずかしい場合などは，カウンセリングの契約に慎重にならざるを得ません。そのような場合には，心理検査を使用することもあります。あるいは，受理面接は通常1回ですが，数回にわたって細かく行うこともあります。

3 カウンセリングの技法

受理面接を経て，カウンセリングの契約をすると，いよいよカウンセリングが始まります。どのようにカウンセリングを進めるかについては，上記の受理面接よりもはるかに多くの技法論や治療理論があり，さらに同じ治療理論に則っていても人によって相当に違いがあったりします。現在，カウンセリングの理論は100あるとも200あるとも言われます。読者にお勧めするのはいくつかの主要な理論を学び，あとは，自分の考え方や気質にあったものを選んで，それを中心に自分の方法を磨いていく，というものです。主要な理論については第3章で述べたとおりです。

しかし，これほど理論が多くあっても，その中で共有されている技法や考え方がいくつかありますし，通常カウンセリングという場合の一般的な方法がありますので，ここで紹介しておきましょう。

[3-1] 受容

　何と言ってもクライエントは相談事を抱えていて，既にとても苦しい状況にいます。ひとりで解決できないので，わざわざ時間とお金を使って何とかしてほしいと思って来談しています。そのクライエントに対して，権威的に振る舞ったり，物知り顔で話を聞くのでなく，クライエントを尊重し，思いやる態度をもつことが大切です。

　クライエントはいままで誰にも打ち明けられなかったり，わかってもらえなかった問題をカウンセリングの場で打ち明けます。それに対して批判するのでもなく，けちをつけるのでもなく，そのまま受けとめることが重要です。これを受容といいます。受容される経験はそれだけでも，それまでひとりで問題とたたかい，苦しい思いをしてきたクライエントにとっては，ようやくたたかわないでよい，心理的に安全な場を得ることになります。

　この受容的な態度は，以降に述べる他の技法の根底にあるカウンセラーとしての，そして人間としての最も重要な態度です。受容に関してひとつ，重要なことを指摘しておきます。それは，受容的態度というのは，受容しているふりをしているのではない，ということです。本当に受容している，ということ，これは大変むずかしいことです。カウンセリングのキャリアを重ねてもなかなか十分にできることではありません。たゆまぬ習練が必要です。ですから，皆さんもいまからこのことを日常生活でも実践できるように努力することをお勧めします。

　この受容的態度によって，クライエントは次第に自分の感じるままに語るようになります。それまで自分を飾ったりして大事なことを言わなかったりしていたのが，心理的安全の場に守られてクライエントはそれをする必要がなくなってくるのです。徐々にクライエントは自分にとって最も中核的なことを話すようになります。しかし，いくら受容されていても大事なことを話せないクライエントもいます。そういうクライエントにどう対応するかについてはカウンセリングの理論によって考え方が異なります。いわゆる「心理療法の治療技法」と言われるもののうちで多くの議論がされてきたのは，このようなクライエントの態度に対する技法です。

　ただし，受容という考え方からすれば，たとえ，カウンセリングを重ねても

中核的なことを話せないクライエントであれば、その「話せない」というクライエントをそのまま人として尊重するということが受容の本質です。

[3-2] 共感

　受容的態度に守られ、クライエントは自分の抱えている問題のことや、思いや感じを、飾ることなく話すようになります。受理面接の時に聞いた訴えの内容からさらに突っ込んだクライエント独自の感じ方が、対話の中に出てくるようになるのです。クライエントだけの独自の色彩をもった世界が表に出てくるといってもよいでしょう。そうすると、カウンセラーはクライエントの独自の感じ方・考え方についていくのがむずかしくなります。しかし、そのクライエント独自の感じ方を受けとめ、自分のことのように感じる態度が共感です。たとえば、クライエントが「大学に入るのに浪人したのが辛かった」と言った時、カウンセラーが自分も浪人したことがあるからと思って「ああ、わかるわかる」というのは、共感ではないのです。浪人の苦しさは人によってその感じ方が異なるのです。カウンセラーは浪人中に勉強しても成績がなかなか上がらなかったことを辛かったと感じたのかもしれませんが、クライエントは勉強する気になれなかったことを辛かったと感じているのかもしれません。このように、クライエントが話している時に、その話を包んでいる感じをカウンセラーが共に感じること、これが共感です。

　受容と同様、共感もなかなかできるものではありません。しかし、少なくとも、共感ができていないことにカウンセラー自身が気づいており、クライエントの感じ方の世界を共有しようと努めているだけでも、その効果は随分と違います。

[3-3] クライエントの話の筋から外れない反応

　これはクライエントが話すことを共感的に聴き、そこで理解したことを伝えることです。いくら受容し、共感しても、黙っていては伝わらないことがあります。そこで、「〜しようという気になっている、と」「〜そこが辛いんですね」「なるほど〜」などと伝えます。つまり、要約したり、クライエントにとって辛い部分を理解してそのクライエントへの思いやりの気持ちを伝えたり、うな

ずいたり，ということです。その際，クライエントの話の筋から外れないようにする，というのが肝要です。

　要約するのと，思いやりの気持ちを伝えるのと，うなずくのではそれぞれ違う反応ではないか，という反論があると思います。たしかに，その通りですが，ここでは同じところにまとめています。というのは，これらの効果の違いについてはいろいろな考え方があり，とてもひとつにまとめきれないからです。私の経験でも，このようにクライエントが言った場合にはこう反応するのが良い，というような公式化はとてもできない，と思います。もし公式化しようとすると煩雑になりすぎ，ほとんど実用に役立たない公式化になってしまうと思われます。むしろ，重要なのは，クライエントの感じ方の世界を尊重し続けるということであり，こちらはクライエントの世界を共感して（あるいは共感しようとして）自分のなかから自然に出てくる反応を尊重することです。クライエントが会っているのはマシーンではなく，カウンセラーという役割をもってその場にいる個人なのです。その個人のなかにクライエントを尊重する気持ちが本当に流れているならば多くの場合，当然クライエントの話の筋からは外れない，人としての深みのある反応が湧き上がってくるでしょう。このような考え方は一見，甘いように思う人もいるでしょう。しかし，むしろクライエントを本当に尊重し，自分の中に自然な反応が湧き上がってくるように自分の状態を保持することは，極めて高度な技法であり，大変な修行を要するものです。

[3-4] 質問

　質問にも，学派によって様々な考え方があります。それらについては関心のある人はぜひ，自分で勉強することをお勧めします。どれも興味深いものです。しかし，ここでは基本技法として，次のような質問の仕方を覚えてほしいと思います。

　ここまで述べてきたようにクライエントを受容し，共感しようとしても，人の感じ方はそれぞれ皆独自の色彩を帯びています。そんなに簡単に理解できるものではありません。その時にこちらから質問したいと思うことがあると思います。その質問をすることで，クライエントの世界を壊すことにならないように，そして，クライエントの感じ方や考え方に批判を加えないような質問をす

ることです。質問という会話の形式は、質問する側のほうが会話をリードする形になります。警察での取調べはその典型です。したがって、どうしてもクライエントの世界を壊す作用が大きくなるのです。しかし、共感的に理解するためには尋ねる必要がある、と感じることがあると思います。そこで、できるだけ質問の数を減らし、かつクライエントの世界を壊さないように、質問する方法を考えてみましょう。

　たとえばこういう質問の仕方があります。「ここの部分まではわかるんだけど、それ以降のここの部分がわからないので、そこはどんなふうになっているのか、どんな感じなのか教えてもらえますか」というような質問の仕方です。これだとクライエントは、カウンセラー主導の面接とは感じにくいのです。

　ここまで4つのカウンセリングの技法・態度を紹介してきました。たいていの心理療法の本には書いているごく基本的なものです。しかし、基本的だからと思っておろそかにするのではなく、この4つが、カウンセリングのどんなにむずかしい状況でもできるように努力してください。実際、基本的であるために、本気で達成しようとするととても難しいことがわかると思います。また、これらができるようになれば各心理療法技法論の様々な応用技法にも勝るとも劣らない技術です。むずかしい場面や応用場面で基本通りの動きができることが極めて高いレベルの技術であるのは、スポーツや芸能など、多くの技芸に共通しています。

4　カウンセリングの留意事項

　そのほか、カウンセリングを行う場合、各学派に共通する一般的な留意事項について述べておきます。

[4-1] 守秘義務

　通常、カウンセラーは「カウンセリングの場で話したことは誰にも漏らさない」ということを治療契約時点で述べることになります。誰にも話さない、という安心感があるからこそ、クライエントはカウンセリングの場に安全を感じ

るのです。そして，この守秘義務は法的な問題にも発展しかねません。守秘義務を守らなかったカウンセラーが訴えられる事件もあります。守秘義務を守るとその分，カウンセラーが問題をひとりで抱えることになり，重くなるのが普通です。しかし，その重さはクライエントがいままで背負ってきた重さです。つまり，カウンセラーが守秘義務を果たすのは，治療契約ですが，もう一方でカウンセラーのクライエントへの共感性を高めることにもなっているのです。ただし，守秘義務については次の「自殺念慮」のところで，もう一度考えてみましょう。

[4－2] 自殺念慮

　カウンセリングに訪れる人の中には自殺のことを考えている人がいます。「自殺のことを考えている」とは，自殺したいと思っている場合や，本当に自殺したいとまでは思わないが頭をかすめるという場合などがあります。いままでに自殺を試みたことのある人もいます。いずれにしろ，カウンセリングには重い気持ちを抱えて生きている人が来談するので，自殺の可能性をもっていることはカウンセラーとしてはいつも頭においておかねばなりません。

　100％完全な自殺予防の方法はありません。しかし，ある程度とるほうがよい防衛策はあります。ひとつは「死なない」ということをきちんと約束してもらうことです。「きちんと」と言っても「自殺しない」と一筆書くように頼むのは多くの場合不自然でしょう。しかし，たとえば握手だけでもして約束すると，やはり約束を破ることは大変エネルギーの要ることであり，ある程度の防止策になり得ます。また，クライエントの家族や知人，友人や恋人にクライエントに自殺の危機があることを伝えることも有効です。しかし，そのためには守秘義務のことを考えておかねばならないことがあります。というのも，自殺をカウンセリングの中でほのめかしたり，その気配が感じられていることであっても守秘義務によって本来は誰にも漏らしてはいけないものです。しかし，守秘義務を守ったけどクライエントが死んでしまった，ということになってはいけません。したがって，「生命の危機がある場合には人に伝えることがある」ということを契約時点でクライエントに守秘義務の話の中で伝えておく，あるいは文書で見せる，あるいはそのような文書に署名を入れてもらうことを勧め

ます。そのように守秘義務の例外を作っておいたとして，ではどうやって自殺の危機を察知するのかですが，確実な方法はありません。

　ただ，本気で自殺を考えている人はそれ以前よりは元気になっていることが多いと言われています。つまり，自殺は大変エネルギーの要る作業なのです。したがって，本当に死を覚悟できるようになる時には元気になっているのです。あるいは，友達のところを訪れたりしています。「自殺する」とは言わないまでも本人としては最後の挨拶をしに行っているのです。そういうことを知っておくことで，自殺の可能性を嗅ぎつけることがある程度はできると思われます。

　これらの方法はぜひ覚えておいてほしいものではありますが，心理カウンセリングとしては本質的な方法ではありません。では本質的な方法はというと，自殺念慮があることをカウンセリングで話し合うことです。上に述べたような何らかの徴候やクライエントの話の雰囲気から，たとえ言葉の上では自殺のことをほのめかしてなくても，自殺の可能性が感じられたら「あなたのような状況では死にたいと思うのも自然なことだと思いますが……」などのように対話のテーマにもっていくのがカウンセリングです。多くの場合は自殺は自分の苦慮感からの逃避として行われていますから，カウンセリングではその苦慮感を抱えられるようになることをクライエントとカウンセラーの共同作業にする，というのが基本的な考え方です。ただし，考え方の基本はこの通りですが，その実際は大変むずかしいものです。実際，自殺の可能性がある場合には，自分がクライエントを面接室から帰さずに，そばから離れずに落ち着くまでついておく，ということも選択肢の中に入ります。

[4-3] 遅刻・キャンセルなど

　カウンセリングは通常，1週間あるいは2週間に1度，定期的に行っていきます。その際にクライエントが約束の時間に来ないことがあります。遅れることもあるし，キャンセルすることもあります。遅れたりキャンセルすることを連絡してくる場合もありますし，無断でそうすることもあります。契約時点で約束したからと言っても，クライエントにも突然の用事もありますし，どうしてもカウンセリングに足が向かわない気分のこともあるでしょう。

カウンセリングで重要なのは、足が向かわない場合の遅刻や欠席です。できるだけ早く、そのことをカウンセリングの中で対話のテーマにするというのが基本定石です。何が負担になっているのかを話題にして、カウンセラーに受けとめてもらえると、クライエントは欠席する代わりに負担になっていることをカウンセラーに言語化して伝えることができるようになります。そして、実はそのようにして言語にして伝えることがクライエントのカウンセリングの進展に大きく影響するのです。

また、クライエントが無断で欠席した場合などは、次の時間にカウンセラーがいつものように待っている、ということを電話なり手紙で伝えるほうがよいでしょう。しかし、これも絶対の原則ではありません。ケースバイケースで考えざるを得ないことは、実際にカウンセラーになってみればすぐにわかります。

[4-4] 記録

病院では当然、医者や看護師、その他のスタッフの記録と共に、カウンセリングの記録もカルテに残します。また、病院でなくても、心理相談センターのようなところでもカルテを作るのが普通です。記録のとり方はいろいろありますが、基本的にはカウンセリングの最中は記録をとらない、つまり、話を聴く時にはそれに集中する、ということです。ですから、記録は面接後に書くことになります。場合によっては面接の直後に記録できないこともあります。記録をつけることはたいてい時間がかかるため、カウンセリングにかかわる仕事の全体の中でかなり大きな比重を占める作業です。

記録をどのように残すかについては、そのカウンセリングを行う場面によっても、カウンセリングに対する考え方によっても異なります。基本的にはそこで交わされた対話とカウンセラーが感じたことを書くことになります。もし、病院のカルテの場合であれば、記録は他のスタッフへの連絡の意味もありますので、スタッフ間で共有可能な形式の情報にまとめる必要もあります。

なお、記録はクライエントのプライベートな情報なので、管理には厳重を要します。また病院のように他のスタッフも読む記録の場合には守秘義務のことが引っかかってきます。したがって、病院などではカルテの書き方についてス

タッフおよびクライエントの双方と合意を取る必要が出てくることがあります。

(中田行重)

読書案内——カウンセリングの参考書

　カウンセリングの本は多すぎますので，ここには精神科医ですが神田橋先生という方のお書きになった本を2冊紹介します。カウンセリングというより人間のかかわりという広い視点から大きな刺激をもらえる本です。歯ごたえがありすぎる本ですが，味わいも豊かなものがあります。4〜5年かかって読むつもりで読むとよいでしょう。

神田橋條治　1984　追補 精神科診断面接のコツ　岩崎学術出版社
神田橋條治　1990　精神療法面接のコツ　岩崎学術出版社

9 プレイセラピーの実際

1 遊びの意義

　自分の気持ちを伝えたい時，大人の場合は言葉で表現できます。たとえば，「人前で話すと，緊張します」というふうに。ところが，子どもの場合はできません。言葉よりも行動で訴えることが多いのです。たとえば，日中の様々な緊張が，夜尿（enuresis）として表れるなどがそうでしょう（全ての夜尿が心因性とは限らない）。子どもの行動の中で，最も自然な表現が遊びです。考えてみれば，遊びは子どもにとって最良の薬。私たちは，人生で大切なことを，全て遊びの中から学んだ，とさえ言えます。ウエスト（West, 1996, p.12）は，遊びの特徴について，次のようにまとめています。

・次の点で，遊びは子どもの役に立つ。
　　身体技能の発達。「私」（me）と「私でないもの」（not me）の違いに気づく。関係を理解する。情緒を体験し，確認する。役割を練習する。状況を探索する。学習し，リラックスし，楽しむ。困難な問題を行動化（act out）する。習熟する。
・遊びは象徴的なコミュニケーション（symbolic communication）である。
・遊びは意識的な気づき（conscious awareness）と情動体験（emotional experiences）を橋渡しする。
・遊びの中で，子どもは神秘性（numinous），輝かしさ（luminous），そして日常生活の実用性（practicality）を受け入れる。

2 プレイセラピーのアセスメント

プレイセラピーは，子どもの多くの問題に有効と言われています。しかし，プレイセラピーを導入するかどうかは，慎重に判断されなければなりません。これをアセスメントと呼びます。アセスメント・セッションでは，事例に応じて，発達検査や知能検査，描画法や投影法，質問紙などを実施します。あるいは子どもと少し遊んでみて，判断することもあります（アセスメント・プレイ）。このようなプレイを評価する尺度が，いくつも開発されています。たとえば，ラス（Russ, 2004）の The Affect in Play Scale などが挙げられるでしょう。このようにして，子どもの資質，問題の性質，家族関係の特徴，その他のリソー

表9-1　プレイセラピーの実践ガイドライン（Schaefer, 2003, p.314 を改変）

子どもの障害／状態	実証性のあるプレイの介入
恐怖と恐怖症	系統的脱感作（Systematic desensitization）
	情動的イメージ（Emotive imagery）
外傷後ストレス障害	解放療法（Release therapy）
攻撃性	プレイ・グループ・セラピー（Play group therapy）
適応反応	解放療法
反抗挑戦性障害	親子交流療法（Parent-child interaction therapy）
ADHD	認知行動プレイセラピー（Cognitive-behavioral play therapy）
性的虐待	虐待に特化したプレイセラピー（Abuse-specific play therapy）
場面緘黙	認知行動プレイセラピー
不安	認知行動プレイセラピー
OCD（強迫性障害）	認知行動プレイセラピー
肥満	プレイ・グループ・セラピー
友だち関係の問題	プレイ・グループ・セラピー
反応性愛着障害	セラプレイ（Theraplay）
怒り	認知行動プレイセラピー
自閉症	行動的プレイセラピー（Behavioral play therapy）
	プレイ・グループ・セラピー
慢性疾患	親子療法（Filial therapy）
離婚家庭の子ども	プレイ・グループ・セラピー
	親子療法
家族を亡くした子ども	プレイ・グループ・セラピー
アルコール家庭の子ども	プレイ・グループ・セラピー
養子の子ども	親子療法

ス(社会資源)の現状を,時系列を追いつつ総合的に把握します。親やきょうだい,場合によっては,幼稚園や小学校の先生から話を聞くこともあります。そして,プレイセラピーを引き受けるかどうか,他の機関に紹介するなら,どのような対処が適切かを判断するのです。もちろん,身体性の病気や器質性の疾患が疑われる場合は,医師に紹介しなければなりません。ウエスト(West, 1996, p.39)は,深刻な学習障害(learning difficulty)や自閉症(autism)にも,プレイセラピーは不適切だと言います。このような時は,特別支援教育の専門家へ紹介するとよいでしょう。また,プレイセラピーを導入するにしても,どのような形態でセラピーを実施するか,あるいは,どのような目標をたて,どのような展開が予想されるかを,複数の専門家で話し合います。これを受理会議(intake conference)と呼びます。後述するように,プレイセラピーといっても,様々なモデルがあります。近年は,そのセラピーが効果的であるかについての証拠(evidence)を,重視するようになってきました。たとえば,シェーファー(Shaefer, 2003, p.314)は,表9-1のような,実証性のあるプレイセラピーのガイドラインを提唱しています。

3 プレイセラピーの導入

プレイセラピーは,プレイルームと呼ばれる,特別に設定された部屋で行います。プレイルームには,子どもにとって魅力的なおもちゃが,数多く備えられています。砂場,水場,運動用具,トランポリン,三輪車,すべり台,ミニカー,プラレール,ままごとセット,お金とレジ,電話,ウルトラマンや怪獣,刀やピストル,パンチキック,畳のスペース,テント,家,ブロック,折り紙,シャボン玉,粘土,クレヨンと落書き帳など。年長の子どもの場合は,トランプ,オセロ,将棋,ボードゲーム,テレビゲームなどで遊ぶこともあります。箱庭(sand tray)が置かれていることもあります(図9-1)。

アメリカでは,プレイルームに,セラピストが座る小さな椅子もあるようです。スウィーニー(Sweeney, 1997, p.84)は,セラピストが椅子に座る理由を,「遊び友だち(playmate)ではないことを,子どもに伝えるため」と記しています。また,多くのプレイルームにはワン・ウェイ・ミラーが備えつけられて

図9-1　箱庭のセット

おり，隣接する観察室から，ビデオ記録ができるようになっています。

　プレイルームに導入する時には，子どもに対しても，きちんと説明するのが望ましいと考えられます。たとえば，「僕はカウンセラーといってね，子どもの話し相手になったり，遊び相手になったりする人なんだ。子どもには，遊んだり話をしたりすることが大切だということがわかっていてね。君にはここがどうかなあと思うんだ。ここでは，どんな話をしてもいいし，この部屋にあるものなら何を使って遊んでもいい。どう，少し見ない？」（倉光, 1995, p.106）などというように。要するに，評価する場ではないこと，安全で自分を自由に表現していいこと，秘密は守られることなどを，子どもに伝えることが大切です。もちろん，親（保護者）との間には，文書で契約をかわします。

4　プレイセラピーの展開

　ランドレス（Landreth, 2002, pp.86-87）は，プレイセラピーの治療的な諸次元（therapeutic dimensions）を10個挙げています。

・子どもを信じること（Belief the child）
・子どもを尊重すること（Respect for the child）
・子どもを受容すること（Acceptance of the child）
・内なる子どもの声に耳を傾けること（Hearing the inner child）
・子どもの意志を受けいれること（Acceptance of the child's will）
・子どもの欲求に焦点をあてること（Focus on the child's needs）
・子どもが自由に決定できるようにすること（Freedom for the child to set her own direction）
・子どもが選択する機会を与えること（Opportunity for the child to make choices）
・子どもの境界を尊重すること（Respect for the child's boundaries）
・プロセスに根気よくつきあうこと（Patience with the process）

　子どもたちの遊びのスタイルも様々です。チャザン（Chazan, 2002）は，子どものプレイの構造を分析して，適応的な遊び手（adaptive player），葛藤的な遊び手（conflicted player），かたくなで極端な遊び手（rigid/polarized player），極度に不安で孤立した遊び手（extremely anxious/isolated player）の4つを見出しています。

　プレイが進行していく中で，どうしても制限しなければならないことがあります。これがリミット・セッティング（limit setting）です。制限の基本は，自傷他害（自分，他の子ども，セラピストへの身体的攻撃）と，プレイルームの器物の破壊。しかし，細かな設定は，セラピストと子どもの関係によると言えるでしょう。たとえば，水を使うかどうか，あるいはどの程度，使ってもよいかは，子どものニーズとプレイの展開を考慮しながら，セラピストが決めればよいのです。

　子どもが制限をやぶった時は，どうするか。ランドレス（Landreth, 2002, pp.259-262）は，次のACTの原則を提唱しています。

　　A：子どもの感情，願望，要求を認める（Acknowledge the child's feelings, wishes, and wants）
　　C：制限であることを伝える（Communicate the limit）
　　T：受け入れられる代替行動を示す（Target acceptable alternatives）

代替行動とは，「ドールハウスに乗っちゃだめだよ。椅子や机ならいいんだけど」というような言葉かけです。もちろん，緊急時は，この順序でなくてもかまいません。「窓に向けちゃだめ」（C）と制限してから，「トラックを窓に投げたかったのね」（A）というように。大切なのは，制限は，セラピストと子どもの関係性を守るためにあるということ。子どもをコントロールするのが目的ではありません。

5 様々なプレイセラピー

カタナック（Cattanach, 2003, pp.48-57）は，プレイセラピーのモデルとして，非指示的プレイセラピー（non-directive play therapy），フォーカスト・プレイセラピー（focused play thearpy）〔認知行動プレイセラピー cognitive-behavioral play therapy，構造的グループ・プレイセラピー structured group play therapy，親子プレイセラピー filial play therapy〕，協同的プレイセラピー（collaborative play therapy）を挙げています。

ここでは，親子プレイセラピーと，セラプレイを説明しましょう。親子プレイセラピーは，親子療法（filial therapy）とも呼ばれます。日本に紹介されたのはつい最近のこと（VanFleet, 1994 訳書2004）。親子療法の特色は親教育（parent education），つまり，子どもと上手にコミュニケーションする方法を，親に学んでもらうことにあります。①遊ぶ時間と空間を保障する（構造化 structuring），②子どもの気持ちに寄り添った応答をする（共感的傾聴 empathic listening），③子どもが遊びをリードする（イメージを共有しながら遊ぶ child-centered imaginary play），④ものごとを禁止する（制限の設定 limit setting）という4つのスキルを練習します。そのために，①まずセラピストが子どもと遊んで見本を見せる（デモンストレーション），②次にセラピストが子ども役になって親と遊ぶ（模擬セッション），③最後に親が子どもと遊ぶのを見て指導する（スーパヴィジョン），④家庭でも時間をとってそれを実施してもらう（家庭セッション）の4ステップで進めていきます。

もうひとつ。セラプレイも馴染みが薄いかもしれません。日本で言えば，保

育場面で行われる，手遊びや感覚運動遊びに近いと思います。セラプレイでは，これを構造（structure），かかわり（engagement），養育（nurture），チャレンジ（challenge）という4つの原理で体系化しています。たとえば「達磨さんが転んだ」（red light, green light）は構造活動，「せっせっせ」（Patty-Cake）のような手遊びはかかわり活動，「手形（足型）遊び」（paint prints）は養育活動，「お手玉競争」（Balancing beanbags）〔お手玉を頭に乗せて競争する〕はチャレンジ活動，という具合です（Kaduson & Schaefer, 2000　訳書2004を参照）。

6　プレイセラピーと文化

　あくまで印象ですが，アメリカのプレイセラピストは，日本の遊戯療法士に比べて，言語的コミュニケーションが多く，子どもとの物理的距離はやや遠いように思います。逆に，アメリカのプレイセラピストが，日本の遊戯療法を見たら，もの静かで神秘的なセラピー（silent and mysterious therapy）とさえ言うかもしれません。これは，一般的な子育ての文化差，あるいは子ども観の違いを反映しているように思われます。アメリカでは，子どもを自律的（autonomous）存在とみなすかわりに，大人と子どもの区別ははっきりしており，大人は子どもをコントロールしながらしつけていく。日本の場合は，子どもはあくまで親の分身（alter ego）であって，身体接触も多く，関係を損ねるようなしつけはできるだけ回避されます（もっとも，近年は，違ってきているかもしれません）。セラピーは社会的な行為ですから，何をめざし，何を反映するかは，文化的に構成されます。エリアナ・ギルとアシーナ・ドゥルーズ（Gil & Drewes, 2005）の最新の著書は，『プレイセラピーにおける文化の諸問題』（*Cultural Issues in Play Therapy*）というタイトルでした。このような文化の多様性をふまえたプレイセラピーが，今後は展開していくことでしょう。

　アメリカで愛着（attachment）の概念が再評価されていることも，興味深く感じます。日本でこれから需要が増すと思われる，「怒りのマネジメント」（anger management）や「対人関係のスキル」（social skills）は，既に当然のこととしてプレイセラピーに組み込まれています。それに加えて，基本はやは

り愛着，ということなのでしょう。親教育（parent education）の視点を取りいれた親子療法や，ゲームや身体接触を交えたセラプレイの技法が注目されるのも，うなずけます。私の印象では，親子療法やセラプレイのめざす関係性は，日本で言う「絆」に近い。もちろん絆づくりは，むしろ日本の子育てが得意としていた分野です。しかしそれも，「今は昔」となりつつあります。子どもの問題行動も，アメリカと同じくらい深刻になってきました。アメリカの絆づくりの技法を，日本が「逆輸入」する時代もそう遠くないでしょう（Kaduson & Schaefer, 2000 訳書 2004）。

　日本の遊戯療法の特徴は，「親子並行面接」です。何でも並行にするにはよくない，という意見もあるでしょう。しかし，親子の関係性に自然に注目するのは，日本に独特の視点と思われます。親子療法やセラプレイは，絆づくりに特化した集団療法ですが，このエッセンスを親子並行面接に組み込むヴァリエーションも可能でしょう。実際，親子並行面接の中で，子どもの遊戯療法の様子を親に見てもらったり，セラピストが子ども役になってロールプレイをすることが，まれながらあります。こう考えると，アメリカのプレイセラピーと日本の遊戯療法がクロスしてきます。アメリカのプレイセラピーから何を学び，アメリカのプレイセラピーに何を伝えるか。今後の活発な交流が期待されます。

　最後に，プレイセラピーの目的は何かを考えてみましょう。私は，よい意味での特別扱いを通して，子どもに「生きていてもいいんだ」という希望を与えることだと思っています。つまり，かけがえのない人生を感じてもらうことにあると言えるでしょう。これこそ，私たち大人も子どもも共通する目標です。

（串崎真志）

読書案内

弘中正美　2002　遊戯療法と子どもの心的世界　金剛出版
　　遊びのもつ力について深く考察している本です。
カドゥソン, H.G.・シェーファー, C.E.　倉光 修監修，串崎真志・串崎幸代訳　2004　短期遊戯療法の実際　創元社
　　プレイセラピーの最新の技法を，具体的に紹介しています。
ドゥルーズ, A.A.・キャリィ, L.J.・シェイファー, C.E.編　安東末廣監訳　2004　学校ベースのプレイセラピー――現代を生きる子どもの理解と支援　北大路書房

プレイセラピーのエッセンスを学校場面で活かすヒントが満載。
ヴァンフリート, R. 串崎真志訳 2004 絆を深める親子遊び――子育て支援のための新しいプログラム. 風間書房
本章でも紹介した親子療法のやさしい入門書です。
Landreth, G.L. 2002 *Play Therapy: The art of the relationship, Second Edition*. Brunner-Routledge, New York.
もし英書を一冊読むなら, これがおすすめ。日本評論社より角野善宏訳で近刊と聞いています。

文　献

Cattanach, A. 2003 *Introduction to Play Therapy*. Brunner-Routledge, East Sussex.
Chazan, S.E. 2002 *Profiles of Play: Assessing and observing structure and process in play therapy*. Jessica Kingsley Publishers, London.
Gil, E. & Drewes, A.A. 2005 *Cultural Issues in Play Therapy*. Guilford Press, New York.
Jernberg, A.M. & Booth, P.B. 1999 *Theraplay: Helping parents and children build better relationships through attachment-based play, Second Edition*. Jossey-Bass Publishers, San Francisco. (海塚敏郎監訳 1987 セラプレイ――感覚運動遊びによる治療 ミネルヴァ書房 ただし初版1979年の翻訳)
Kaduson, H.G. & Schaefer, C.E. 2000 *Short-Term Play Therapy for Children*. Guilford Press, New York. (倉光 修監修, 串崎真志・串崎幸代訳 2004 短期遊戯療法の実際 創元社)
倉光 修 1995 臨床心理学(現代心理学入門5) 岩波書店
Landreth, G.L. 2002 *Play Therapy: The art of the relationship, Second Edition*. Brunner-Routledge, New York.
Russ, S.W. 2004 *Play in Child Development and Psychotherapy: Toward empirically supported practice*. Lawrence Erlbaum Associates, Inc., New Jersey.
Schaefer, C.E. 2003 Prescriptive Play Therapy. Ed by C.E. Schaefer, *Foundations of Play Therapy*. John Wiley & Sons, Inc., New Jersey., pp.306-320.
Sweeney, D.S. 1997 *Counseling Children through the World of Play*. Wipf and Stock Publishers, Oregon.
VanFleet, R. 1994 *Filial Therapy: Strengthening parent-child relationships through play*. Professional Resource Press. (串崎真志訳 2004 絆を深める親子遊び――子育て支援のための新しいプログラム 風間書房)
West, J. 1996 *Child-Centred Play Therapy, Second Edition*. Arnold, London. (串崎真志・串崎幸代訳 近刊 創元社)

10 実践者としての成長

　地域に根ざした援助活動を実践していくためにどのような訓練をしていく必要があるでしょうか。ここでは，実践者として成長していくための基本的なトレーニングについて考えてみたいと思います

1　カウンセリングの技術

　地域実践心理学では1週間ごとに1時間決まった場所で会う，というような典型的なカウンセリングをすることは多くないかもしれません。とはいえ，地域での実際の援助活動のベースにあるのは個人個人のかかわりです。したがって地域の人々がどのように感じ，考えているのか，ということを知ることと，また地域の人と信頼関係を作っていくことの技術を習得する必要があります。そこでカウンセリングの技術が必要になります。もちろん，カウンセリングには数多くの方法があり，さらにそれぞれを習得し，自分のものとするためには努力を積み重ねる必要があります。臨床心理士の人たちは資格をとった後でもそういった努力をしていますし，それが資格保持の条件にもなっています。したがって地域実践心理学をめざす皆さんも最低限の技術を覚えた上で，それを高めるべく日々努力する姿勢が大事です。最低限の技術とは第8章で述べた，各学派に共通するカウンセリングの技術・態度です。これをまず練習しましょう。そのためにトライアルカウンセリングという仲間同士で練習する方法をご紹介します。
　まず，2人ペアを作ります。どちらかがカウンセラー役になり，もう一方がクライエント役になります。これをロールプレイ（役割練習）と言います。そ

して時間を決めてカウンセリングをやってみるのです。やってみると，初めは気恥ずかしいためにむずかしいと思うでしょう。しかし，何度もやってみると次第にお互い慣れてきてその気恥ずかしさを感じなくなります。そうなると気恥ずかしいためにむずかしいのではなく，相手の話に本当に心を傾けることそのものが如何にむずかしいかがわかると思います。そして，カウンセリングという，一見，人の話をうなずいて聞くだけに思える作業の奥深さを実感してもらうことになります。このむずかしさ，奥深さを体験することがトライアルカウンセリングの最初の目的です。

　もう一方で，クライエント役の人は本当に話を聞いてもらえたと思う瞬間の感じを知ってもらうことになります。また，自分が話したいことをきちんと伝えることのむずかしさ，わかってもらえない場合のもどかしさ，時間が短く感じられたり長く感じられたりという時間感覚，自分の秘密をしゃべることの苦しさなどを感じることになるでしょう。これらの体験はいずれも，これもカウンセリングを勉強する上で重要であり，カウンセラーの立場に立った時に活きてきます。

　トライアルカウンセリングにはいろいろな工夫があり，それらをいろいろと試してみると貴重な気づきを得ることになるでしょう。たとえば，クライエント役の人は自分の本当の問題を話してもらうこともできますし，誰か問題を抱えた人になりきって話してもらうこともできます。また，面接時間の長さを変えてみることもできます。さらにペアを組み替えてやってみてください。あるいは同じペアで日時を替えて何度もやってみると，カウンセリングを継続することは1度きりの面接とはどのように違うかがわかるでしょう。また，2人組に加え，オブザーバーをつけて第三者の目から感じたことを言ってもらったり，また，自分がオブザーバーになってみたりすることも大変参考になります。さらに，カウンセリングをテープやビデオに記録して見直してみたり，自分で思い出して記録を書くことからも貴重な気づきが得られることと思います。できるだけ，カウンセリング場面で起こった言動のままに記録するほうがよいでしょう。初めのうちは1時間のカウンセリングの記録を書くのに3時間もかかったりします。そこから得られる気づきは自分を成長させる上で貴重なものがあります。また，その記録を現役のカウンセラーや大学院生などの先輩に見ても

らい，コメントをもらうのも勉強になります。

2 エンカウンター・グループ

　これはグループ・カウンセリング，あるいはグループ・アプローチのひとつで，ロジャーズなどによって始められました（第3章 pp.20参照）。当初はカウンセラー養成の訓練として用いられ，現在は看護士や教員など対人関係の職種の人たちの体験学習などとしても広く行われています。これはさらに構成型エンカウンター・グループという形式と，非構成型エンカウンター・グループという形式の2つに分かれます。いずれにも参加してみてください。多くの大学の保健管理センターや学生相談室で行われていますし，人間関係研究会のホームページ（http://www.osaka-gu.ac.jp/php/matumoto/index.html）などにも企画が挙げられています。

　これは自分の感じ方を表明したり，他のメンバーの感じ方を受け入れたりしてありのままの自分自身に深く気づくトレーニングです。その意味では，それが集団の中で行われる，という点以外はトライアルカウンセリング同じようにも思えます。しかし，トライアルカウンセリングとは違い，エンカウンター・グループでは役割としての自分ではなく，ありのままの自分でその場に参加することになるので，そこで得られる気づきも，よりインパクトが大きいものです。

　エンカウンター・グループ以外にも体の気づきのワークショップ，ゲシュタルトワークショップ，演劇関連のワークショップなど，体験型ワークショップといわれるものがあります。これらも機会があれば参加してみてください。ただし，どのようなものかについての情報を，できれば参加したことのある人などから得てから参加するほうが安全です。

3 フォーカシングおよび芸術・表現技法

　フォーカシングとは，言葉の奥にある言葉にならない感じをとらえるための方法です。カウンセリングを含む対人関係の職業領域において——教育でも医

療でも——，人は言葉だけでコミュニケーションしているのではありません。関係の場において自分の中に流れている非言語的な感情の動きをとらえることができることが重要です。地域実践心理学でこれが重要なのは，何より，その地域を歩いて匂いや音，人びとの様子などその地域がもっている固有の雰囲気をとらえて，その地域が個人に及ぼす影響などを感じ取る必要があるからです。また，地域実践心理学で個人にかかわる場合にカウンセリング的な対応を学ぶことが重要なのは上に述べた通りですが，そのカウンセリング的な対応をする場合のさらに基礎的なこととして，カウンセリングで交わされる言葉以前の感じをとらえることは大変意義があります。また，地域実践心理学で対象とするのは言葉が十分に使いこなせる人ばかりではありません。何らかの障害をもった人とか，虐待経験者のように人との信頼関係を容易に結べず，言葉でやり取りすることを強く抑圧されている人もいます。そういう人を相手にした場合も，自分の中に流れている感じをとらえることは，相手からの非言語的なメッセージをとらえる上で役に立つことが多いのです。次章では感覚を磨くための体験的課題を紹介しています。そちらもあわせて読んでいただけると理解が深まると思います。

　フォーカシングは最終的には自分ひとりでできるものですし，そのための本も出ていますが，初めはやはり，経験者などに教えてもらいながらやっていくほうがわかりよいでしょう。上記のエンカウンター・グループでもフォーカシングを組み入れているところもあります。

　芸術・表現療法については第2章でご説明したように，言葉を主な伝達媒介としない自己表現の方法を用いた臨床心理学的援助法です。これは子どもや障害をもった人などで，言葉を扱う能力が十分でない場合や，非言語的な感じに気づいたり，表現したりするのにこのような表現技法を用いることになります。

　これらの表現技法もいろいろな種類のものを自分でやっておくことをお勧めします。それはまず，こういう技法を用いなければならない人に出会った時のための練習としてです。自分が経験していることで，導入も滑らかになりますし，どういう人にどういう方法を用いるのがよいか，ということを判断できるようになります。また，描画というとクレヨンと画用紙がいる，と考えてしま

いがちですが，皆さんが地域実践心理学の活動を行う場合には，必ずしもそういう道具があるとは限りません。その場合に，ほかのもので代用する，というような瞬時の応用がきくことが実践家として重要な能力です。そのために普段から遊びのつもりでいろいろと表現技法を試しておいてください。

　表現技法を試行しておくほうがよいもうひとつの理由は，これをやってみることで自分自身の非言語的な世界に目を向けるきっかけになるからです。大学生にもなると，ほとんどのコミュニケーションは言語でなされます。また，現代はパソコンや携帯電話に示されるように，デジタルな情報の時代です。そのために言葉にならないアナログ的な感覚には，注意が向けられなくなっています。ネット上のチャットがもとで殺人事件が起こったりするのは，アナログ的な世界と日常的な接触が極めて少なくなっているからです。ところが，本当に豊かな情緒的なやり取りとは赤ん坊と母親のコミュニケーションを例にとるまでもなく，非言語的な交流です。人が本当に愛し合っている時，言葉は必要ないどころか，妨害になることさえあります。つまり，表現技法を体験することは，自分の非言語的な感触を取り戻すためでもあります。そこではトライアルカウンセリングとは別の豊かな気づきを得ることもあるでしょう。

　ひとりで練習することもできますが，トライアルカウンセリングのところで述べたように，ペアを組んでやってみることもできますし，グループでやってみることもできます。

4　ボランティア活動

　ボランティアには多くの種類がありますが，地域実践心理学の主要な活動としてのボランティアは直接的に対人援助をするものです。ボランティアの具体的なことについては第12章で述べています。ここではその実践者の成長にとっての意味を述べておきましょう。

　ボランティアで相手にするのは社会的に弱い立場の人です。病気や障害をもっていたり，何かの原因で生活していく力を大きく奪われてしまったような人たちです。そういう人とのかかわりではコミュニケーションが滑らかにいかないことがあり，その分ボランティアとしては苦労があると思います。しかし，

そういう人とのかかわりを積み重ねることで，こちらの非言語的な感じる力が向上します。ですから，相手の世界を共有させてもらうつもりでかかわることが大切です。ほかでは得ることの出来ない貴重な体験になるでしょう。

　また，ボランティア活動に参加することは，社会のことを考える契機になります。ちょっと考えただけでもいろいろな疑問が湧いてくるでしょう。たとえば，なぜ，このような人が社会から差別されたり，大事にされていないのか，行政は何をしているのか，税金は何のために使われているのか，人が生きるということはどういうことか，などです。また，自分のことを振り返ることにもなります。自分は今までこういう人たちにどういう接し方をしてきたか，自分は社会で何をすべきなのか，何のために勉強をし，仕事をすべきなのか，などです。加えて，親の子どもに対する愛情の深さ，子どもの親を思う気持ちなども，実感する機会になるでしょう。

5　ディベイト／ディスカッション

　地域実践心理学では，なぜ地域を対象とするのか，ということを常に考える必要があります。戦後，米国流の個人主義が日本に入ってきて，考え方も生活も個人中心になってきました。それは生活の様々な面に浸透しています。対人援助の視点から考えると，困っている人がいるならばその個人を対象に援助活動をすればよいではないか，ということになります。たしかに，個人レベルでの援助活動は重要です。しかし，それだけでは不十分であり，それに加えて地域や社会という視点から個人の問題を考える，というのが地域実践心理学の考えの根底にあります。

　ですから，ぜひ社会のことを考えてほしいのです。そのためには，ボランティア活動に参加するのもいい機会になりますが，その一方で仲間同士で話し合うこともいい機会になります。考えていることを自分の中だけで抱え込むのではなく，他人にわかる言葉で説明し，また，仲間の発言を聞いて考えるという体験は社会を考える上で重要です。また，それによって自分の考えが豊かになるのを実感するでしょう。そして，この考えを互いに述べ合う，という体験自体が社会的な行動なのです。社会の視点から対人援助を行う地域実践心理学で

は社会的な行動を身につけ、洗練させていく訓練が必要ですが、仲間で話し合うことは、まさにそのひとつになります。

　方法としては自由に話し合うディスカッション形式もありますし、ある話題について賛成・反対を決めて議論するディベイトという形式もあります。いずれも大変刺激的な経験になるので、仲間を誘ってぜひやってみましょう。ただし、ひとつ注意しておくべきことは、たとえ考えが異なる人がいても（ディベイトでは特にはっきりと賛成・反対が分かれますが）、そこで仲間割れをしないことです。考え方が異なっていても、それを主張する権利を互いに尊重すること、そしていろいろな多様な考えが共存できるような仲間を作るように努めてください。ひとつの意見にメンバーが凝り固まっているよりも、いろいろな考え方を許容できる集団を作るようにしてください。優れた集団とはそのようなものですし、地域実践心理学の対象となる障害や病をもった人は、実は社会の中でマイノリティ（少数者）として様々な差別や不公平な扱いを受けていることが多いのです。そうした人を対象とする私たちとしては、その仲間内でも、異なる考えの人を排除するのではなく多様な考えが共存できるようにすることが、地域実践心理学の基本的なトレーニングでもあるのです。

6　グループ作り

　セルフヘルプ・グループ（自助グループ）というのがあります。同じ悩みや苦しみ、病を抱えた人たちが互いに支えあうために作っているグループのことで、いろいろな種類があります。ここで言う「グループ作り」とは、同じことに関心をもつもの同志の仲間グループを作ることです。既に大学などには「ゼミ」など、同じことを学ぶ仲間グループがあります。しかし、それらは大学のカリキュラムで義務づけられて入ったグループであり、自発的なものではありません。ゼミで扱われるテーマはその先生の専門領域に多少なりとも限定されますので、その意味ではゼミに入るということは受身的なものです。ここでいうグループ作りとは、自分たちの関心に合ったグループを作るということです。これにはいろいろな意味があります。

　地域実践心理学で対象となる人たちの中には既にセルフヘルプ・グループを

作っている人がいるかもしれません。皆さんが自分たちで独自のグループを作り活動していれば、そのセルフヘルプ・グループを運営維持する苦労が体験的に共有できるのです。また、もし、セルフヘルプ・グループに行っていなかったり、所属したくなるようなグループを身近にもてていない人が対象になった時に、皆さんが独自の手作りのグループをもっていたら、そのような人たちに対してセルフヘルプ・グループ作りのお手伝いができます。

地域実践心理学では困っている個人だけでなく、地域社会を考えますから、場合によっては地域社会に働きかける必要が出てくることもあります。地域という大きな社会に対して、個人一人ひとりの力は「無力」に近いものです。その時にグループを作るということは、互いを力づけ（エンパワメント）、たとえ微かであっても社会に働きかける力になる可能性ももっています。「無力」を「微力」に変えることは実は大きなことです。

グループを作ったら、大学の外の地域社会と何らかの意味でつながるようにネットワークを作ってください。地域実践心理学の考え方のひとつには、地域の中で相互援助のネットワークを作る、ということが含まれています。ネットワークを作ることで支え合うのです。地域とつながったグループ作りをやってみることで社会に対する認識が深まりますし、社会で自分がどう位置づけられているかもわかってきます。地域の外につながりを作ることは、簡単ではないかもしれませんが、できるところからやってみると簡単なこともあるかもしれません。インターネットなどで応用ができないか、グループで知恵を出し合ってみてください。

どのようなグループを作るか、その活動内容ですが、上に述べたようなカウンセリングや非言語的表現技法、ディベイトのグループなどでもよいでしょう。あるいはある施設へのボランティア活動の仲間のグループを作って、自分たちの活動を振り返る場にしてもよいでしょう。あるいは何かの研究会でもよいでしょう。そして、そこに時々大学の外からゲストを呼んだり、地域の人で関心のある人がいれば、そのグループに参加していただいたりしてもいいのです。また、たとえば小学生が体験したら心理療法的効果があると思われるような集団描画技法を研究しているのであれば、それをボランティアとして施行させてもらえる地域の学校でやってみることもできるでしょう。

いろいろなアイデアが出てくると思います。その多様なアイデアが自由に表現でき，できるところから実行に移せるようなグループ作りをめざしてください。

(中田行重)

読書案内──実践者として成長するための参考書

高松 里 2004 セルフヘルプ・グループとサポート・グループ実施ガイド─始め方・続け方・終わり方 金剛出版
　その名の通り，グループの作り方などが実に具体的に書かれています。グループ実践をやる人の必携書です。

野島一彦 2000 エンカウンター・グループのファシリテーション ナカニシヤ出版
　グループの展開具合に応じてファシリテーションの仕方を細やかに使い分けていく野島先生の秘技を学ぶことができます。

小野 修 2000 子どもとともに成長する不登校児の「親のグループ」─ファシリテイターのためのマニュアル 黎明書房
　不登校児の親のためのグループのファシリテーションの仕方が具体的に書かれています。日本の風土に合わせたグループ実践の臨床感覚がよく伝わってきます。また，グループの力の大きさに感服させられます。

山中康裕 2003 表現療法(心理療法プリマーズ) ミネルヴァ書房

11 体験課題集

1 体験的な学習

　地域実践活動は地域社会を視野に入れた対人援助活動です。そのためには知的な学習と体験的な学習が必要です。知的な学習とは対人援助の対象となる人々に関連する理論や概念の学習です。しかし，それはあくまでも頭だけでの学習です。対人援助は実際に人と接するものですから頭だけでいくらわかっていても，それが行動として実行できなければわかっていないのと変わりません。そこで体験的な学習が必要になります。

　地域実践の範囲は幅広く，その対象となる人も様々です。それぞれを実践するにあたって学習すべきこともそれぞれ固有のものがあって，とてもこの本だけでは網羅しきれません。ここでは，あらゆる地域実践の基礎のさらに基礎となる体験学習を紹介します。体験学習はほかにもいろいろなものがありますし，以下に紹介する方法をやっていくうちに，自分にとって必要な体験課題がどのようなものかが見えてくるようになるのが望ましいのです。以下の体験課題はその入り口のものだと思ってください。

　また，人間関係研究会（http://homepage.mac.com/tmatsumt/index.html）という団体が（かつて私も所属していました）たくさんの体験的ワークショップを企画していますので，それらに参加することも大いに刺激になるでしょう。ほとんどは大学の先生方が主催する良質のワークショップであり，この手のものとしてはあまり高額ではない点が魅力です。

2　ブラインドウォーク

　2人ペアで行います。1人が目をつぶるか，タオルなどで目隠しをします。もう1人がその人の手をひいていろいろなところに案内する，というものです。途中で交代します。たったこれだけのことですが，目が見えないほうの人は初めは相当の恐ろしさを感じるでしょう。私たちが五感の中で視覚にいかに頼っているかがわかります。

　この課題のひとつのポイントは目が見えないという体験をすることです。この課題の途中でタオルを外したりして目を開けることももちろんできます。視界があることによって得られる安心感は相当なものがあると思います。その分，一度目を開けてしまうと，目が見えないという体験性は半減以下になってしまいます。ですから，徹底してやるには途中で目を開けないことです（逆に言うと，目隠し状態があまりにも怖い人は途中で目を開けてもらったりするような配慮が必要です）。そして，目を開けない状態のままで歩いていると，しばらくするうちにそれに慣れてきます。実はそれが重要なのです。目が見えない時に慣れてくるのはもちろん，パートナーの手引きによる安心もあるでしょうが，それだけではなく，視覚のなさをほかの感覚で補うようになっているのです。比重の大きな感覚である視覚に頼らなくなることでほかの感覚が活性化されてくるのです。

　この，ほかの感覚の活性化，というのがもうひとつのポイントです。視覚以外の感覚は自然に働き始めますが，普段十分に使っていないので，パートナーは相手方に植物や地面などに手を触れさせたり，匂いをかいだりさせてみましょう。そして，手を触れたものが何かを当てさせるのも楽しいことですが，それだけではなく，その感触を味わってもらうようにしましょう。また，目隠しされている人はパートナー任せにするのではなく，匂いや音，雰囲気などから自分が注意をひかれる方向に連れて行ってもらったりしましょう。自分の内なる感じに耳を傾けるトレーニングになります。

　もうひとつのポイントはパートナーに関するものです。パートナーは相手方の体験世界ができるだけ豊かになるように心がけてください。上述したように

様々なものに手を触れさせ，匂いをかがせるなど視覚以外の感覚が活性化するようにしましょう。また，歩く範囲もできるだけバラエティに富むように，できれば人口的なものではなく，自然との触れ合いが増えるようにしましょう。加えて，最も重要なトレーニングは，相手方の内なる感覚が求めている刺激は何だろう，ということを，その相手方の様子から探ることです。これは言葉で尋ねても本人にもわかりません。できることといえば相手方の身体全体が，生物として生き生きとしてくる様子を見逃さないことです。これは単に表情が明るいとかいうことではありません。フットワークの軽さや微妙な表情の緩みや身体の喜んでいる様子など，生物としての原初的なあり様がいい方向に向いているということです。これは容易なことではありませんが，注意を集中しましょう。逆に相手の意向を無視して好き勝手に連れまわす，などというのは，パチンコに小さな子どもを連れて行く親と変わりがありません。そうならないように，相手に任せながら，かつ相手を保護しながら（怪我をしないように注意をして，安全感を維持するようにして）手引きをしましょう。

3 リラクセーション

　心身を緩めるリラクセーションにはたくさんの方法があります。ここで紹介するのは野口三千三（のぐち・みちぞう）により生み出された体操のうち，ほんの一部です。3つを紹介しますが，いずれも2人ペアで行います。この3つのいずれにおいても，一方の人（A）は導き手で，もう一方（B）がリラックスを体験する側です。一方の人（B）は床に横になり，全身の力を抜くように努力します。

　リラクセーション(1)　その状態で，AはB左右の一方の手首をもって肘から先を垂直にして立てて見ましょう。肘から先の部分は垂直に立っていますか。もし，立っているようでは力が抜けていないのです。Bは力が抜けているはずですので，肘から先が立つはずはないのです。それが立っているのは，力が入っているということです。この，力を抜く練習をしてみましょう。その際，Bの肘の先の力が抜けて，床に落ちてきた時，床に当たると手が痛いので，Bの手が落ちてくるところにAは自分の手のひらを用意してあげましょう。そうし

ないと一度，痛い思いをすると，Bは頭では力を抜こうとしても，床に手が当たった痛さを覚えていて，どうしても自分で手が床に当たるのを防ごうとして力が入ってしまうのです。つまり，要はBが安心して力を抜けるような場をAが提供することです（図11-1）。

リラクセーション(2) これができるようになったら，あるいはできない場合にも，次の課題をやってみましょう。それは，Aが両手でBの片方の掌をもち，今度は肩から上が空中に浮くように持ち上げます。そして，Bのその腕全体が上下左右に揺れるように，掌を少し揺らします。腕の力が抜けてないと，その腕はつっかえ棒のようになります。力が抜けているとぶらんぶらんと揺れます。さらに緩んでくると，腕だけでなく肩や首，頭までも揺れてきます。身体の各部分がつながっていることがわかると思います。逆に，腕はぶらんぶらんと揺れても，首や頭が動かないようであれば，その部分は固いままなのです。AはBの掌を揺さぶる時，Aの身体全体に腕の振動が広がるように揺さぶることがポイントです（図11-2）。

リラクセーション(3) 次は，横になっているBの両足の少し先のほうにAが立って（Bの方を向いて），Bの両足首を（Aの）両手で床から20～30センチ持ち上げます。そして，両足を持ったまま，左右に揺らします。すると，Bの身体全体の力が抜けていれば足首での揺れは足から腰，首，頭へとつながっていきますので，足だけを揺らしているにもかかわらず，Aの体全体に振動が伝わり，揺れ始めます。ちょうど海の波が足首から頭にかけて伝わるかのように見えます。腰は揺れても首が動かない場合には腰より上半身のどこかに力が入っているために振動が通じないのです（図11-3）。

これら3つの課題に共通しているいくつかのポイントがあります。ひとつは自分で力を抜くことのむずかしさです。第一の課題などでよくわかりますが，自分では抜いているつもりでも，なかなか抜けていないのです。思わず力を入れてしまう，という癖がついている人がいます。それに関連するもうひとつのポイントは，人に任すということです。人に完全に任せてしまえば力は抜けます。普段は非常に仲の良い親友のようにしていても，この課題をやると人に任せることができない自分に気がつくことがあります。体は頭以上に正直なのかもしれません。対人関係における自分の体の感じに気づき，力を抜く感じや人

に任せる感じを覚えることが重要です。ポイントのもうひとつは，身体全体のつながりに気づくことです。野口（1977）は「生きている人間のからだは，皮膚という生きた袋の中に，液体的なものがいっぱい入っていて，その中に骨も内臓も浮かんでいるのだ」と言っています。一箇所が緊張すれば，それ以外の箇所も緊張するし，一箇所が緩めばほかの箇所も緩みやすくなります。不必要な緊張が抜けて全体にリラックスしたからだ，ちょっとした刺激（Aによる揺

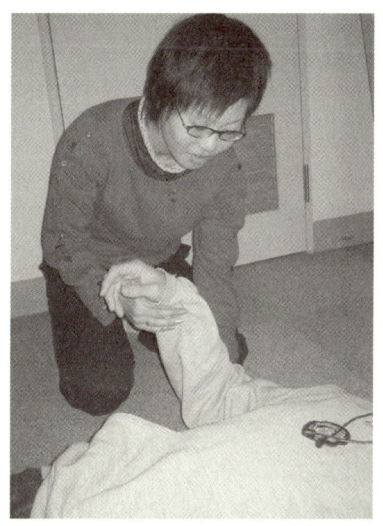

図11-1　リラクセーション(1)

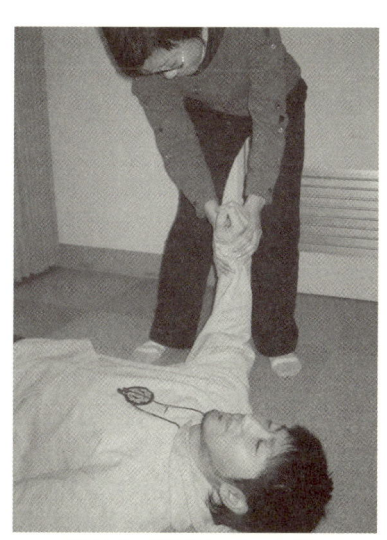

図11-2　リラクセーション(2)

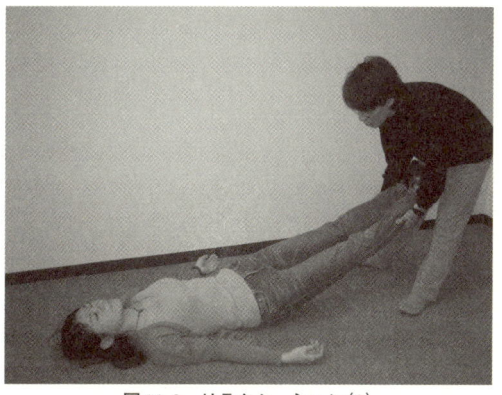

図11-3　リラクセーション(3)

らし）によって全体が波打つように振動が伝わるからだの感じ，を覚えることは，からだのちょっとした緊張にも気づきやすくなることでもあります。AとBという対人関係の中での緊張や緩みの移り変わりや，自分で緩ませることを覚えることがポイントです。最後のポイントは，パートナーであるAの立場の人が，力任せに揺らさないことです。あくまでも相手が安心感に包まれて，ここちよく揺らされている時に，緩んでくるのです。赤ん坊を腕の中で抱いて寝かす親の様子と同じです。力任せにBのからだを揺らそうとするとBは逆に怖がったり，Aの力を感じ取って，同様に緊張したりして，さっぱり緩んだ感じに向かうことができません。Bの緩めを促進するには，こちらも（揺らすためには力はいりますが）緩んだ感じを自分で保持しながら揺らすことになります。相手と自分の両方の感じを同時に感じようとしながら相手にかかわるということは，カウンセリングを始め多くの対人援助の作業に共通します。

4　Music Focusing（音楽フォーカシング）

　フォーカシングとはジェンドリン（Gendlin, E.T.）が発見した，まだ言葉にならない身体感覚に注意を向ける方法および過程（1982）です。これについては既にかなりの本が出ています。しかし，実際には初めての人にとってはわかりにくいことが多いようです。心身両面の微妙な感じに注意を向ける優れた方法ですし，カウンセリングとの関係も深い技法なので，ワークショップなどに出て実際に体験してみることをお勧めします。
　ここで紹介する音楽フォーカシングはフォーカシングの入門として私が考えたもので（中田, 2003），Music Focusingと呼ぶものです。やり方は簡単です。音楽を集中して聴きます。その時，体がどんなふうに変化するか，たとえば血流がどう変わり，心拍がどう変わるかとか，音楽を肌で聴くつもりで聞いてみると肌はどんなふうに変わるか，というようなものです。このように身体での変化を具体的に感じることがひとつの方法です。音楽は，歌詞がないもの（器楽，合奏曲）か，あってもその内容がわからないもので，できれば曲そのものも聞いたことがないようなものを選ぶほうが，初めのうちはよいでしょう。ほかには，その音楽に合う色彩はどんなものかを感じ取ったり，匂いや湿気や温

度を感じてみる，というものです。つまり，聴覚刺激である音楽を五感のほかの感覚でとらえようとすることです。さらにどんなドラマが合いそうかとか，どんな曲名が合いそうか，とかいうことを感じ取るのです。色彩やドラマは実際に描画してみても良いでしょう。簡単なやり方ですが，普段使っていない感覚器官を働かせるので結構疲れますし，選ぶ音楽によっては気分が悪くなることもあります。逆に音楽によっては気分が予想以上によくなることもあります。

　これは一見，音楽療法のようにも聞こえるかもしれませんが，それだけではありません。むしろ重要なのは，カウンセリングなど人の話をきく場合に，その声の調子や雰囲気をとらえることで，その話の内容だけでは理解できない重要な非言語的な情報を得ることの訓練になることです。また，人の話を聞くことによってこちらの側に起こる身体の反応に気づくことです。心理療法では精神分析の逆転移（counter transference）という概念や，来談者中心療法における自己一致（congruence）・純粋性（genuineness）という概念が，カウンセラー側に起こる反応に気づくことの重要性を示しています。その気づきを活かすことが重要な局面の転回点になることが多いのです。非言語的な情報は人間が赤ん坊として生まれてきて言葉を完全に覚えるまでの数年間，貴重な情報源として感じ取っていたものです。だから，Music Focusingは初めはむずかしいと思えるかもしれませんが，これは新しい感覚を身につけることではなく，元々もっていた能力をもう一度呼び戻す訓練なのです。

5　Silent Painting（沈黙の描画）

　これはグループでひとつの絵の作品を作り上げることです。ただ，それだけのことですが，始める前に「これは共同でひとつの作品を作るものであること」をグループ全体で確認します。加えて，描画中は言葉を交わさないこと，目で合図をしないこと，また，題材は具体画でなく抽象画であること，という条件がつきます。

　まず，はじめはA3くらいの用紙に2人で絵具かクレヨンで絵を描いてみましょう。相手との共同作業ですから好き勝手に描くという訳には行きませんが，

何も描かなければ進みませんので，相手の描く様子や描くものを見ながら自分も描き始めます。共同の作品であること，かつ，抽象画ですから，相手との間に言葉でも表情でも内容でも何の確認もできないまま，相手との共同作業を手探りで行うことになります。ペアでの描画のほかには，グループで行う描画もあります。模造紙くらいの大きな紙にたとえば4人で描くこともできます。この時も内容も決めず，目や言葉で確認もせず，ただ共同作品を作る，という課題に取り組みます。

　終了した時点で，お互いに今度は「あそこの部分はどんな感じで描いていた」とか「この色を使ってくれた時はぴったりきた」など，感じたことをお互いに言葉で交換してみましょう。この課題終了後の話し合いをシェアリング（sharing，共有すること）と言います。シェアリングすることで感じていたことをお互いに確認したり，描画中に迷ったことなどを話し合うことができます。ある程度シェアリングをしたら，もう一度，同じ課題に挑戦してみましょう。終わったら再びシェアリングをしてみましょう。今度はどうだったでしょうか。

　この課題は，相手との呼吸や雰囲気を合わせながら手探りで共同の作業を行うセンスを磨くものです。対人援助の活動が，一方の人が目標を設定してもう一方の人が従属してそれを行うというものではありません。対人援助の活動は何らかの意味で，何かの完成を目指して共同作業をすることです。何が完成状態かは手探りです。Silent Paintingはその非言語的な手探りの訓練になるのです。自分の感じ方への気づきの練習として，絵を描くという作業を媒介として行うものです。絵を描くことで感じ方が変わり，その感じがさらに絵の描き方に影響します。これは，対人関係の中で相手への感じ方が自分の相手へのかかわりと相手の自分へのかかわりの双方によって影響を受け，そこから相手へのかかわり方に変化が起こる，という対人援助過程と相似の体験なのです。

6　イメージゲーム

　これは相手の印象を何かのイメージに変換してフィードバックするゲームです。いろいろなやり方がありますが，ここでは2つの方法を紹介します。7～

10名のグループを作ります。そのうち1人はそのグループの輪から離れ，別の部屋で待機します。残ったメンバーのうちから1人を選出します。そして，輪から離れていたメンバーは呼び戻され，その選ばれた1人が誰であるかを当てるゲームです。戻ってきたメンバーはグループのうち2人くらいに「その人を花に喩えると，何の花ですか」と尋ねます。指名された2人はその人を表す花の名前を言います。その2人の答でわかれば，誰かを当てても結構です。わからないようであれば，もうひとつ別の質問をします。たとえば「その人を（今度は花ではなく）音楽で喩えたら～どんな音楽の人？」と2名くらいを指名して尋ねます。指名された2人の答を聞いて，それが誰のことを言っているのかを当てるゲームです。喩えに使うのは花や音楽に限りません。喩える対象を自分で考えて質問してみましょう。

　もうひとつのやり方は「心の花束」「言葉の花束」などと言われているものです。7～10人のグループを作ります。自分以外のメンバー全員に自分が考えるそれぞれの人の優れた面などを手紙にして書きます。そして，全員が書き終わったら，それぞれの相手に手紙を渡すのです。それぞれの人はグループの人数より1名少ない数の手紙を受け取ることになります。この課題は構成型エンカウンター・グループでよく使われますが，私はこの課題にひと工夫をして「あなたにもうひとつの人生を」という課題をすることがあります。要領はほとんど同じですが，手紙の内容が「あなたに合う人生はこのようなもの」「このような人生を送ればあなたらしさが輝く」と思うような人生の内容を詳しく書いて手紙にすることです。

　これは人が自分をどんなふうに見ているかを知ることができますし，内容がポジティブなことなので，お互いが傷つくことがまずありません。また，自分自身で気づくことのなかった別の自分の面を指摘されたりして，自分発見の手がかりになることもあります。また，グループ全員についてのイメージをたくましくしないことにはこの課題はできません。その分，イメージ能力，空想能力を高める訓練でもあります。

　エンカウンター・グループの後半で行われることが多いのは，グループプロセスをある程度共に体験してきてある程度知り合ったところで書くことで新鮮なイメージが浮かびやすいからです。その意味では，この課題のグループメン

バーの構成は，ある程度知り合っているが十分には知らない，という程度の関係の人たちで行うとよいでしょう。私自身は，大学の演習のクラスで学年の初めのころにやってみると効果的でした（中田，2004）。

7　お話作り（Story-Telling）

　これは私が，自分の子どもを寝かせる時に絵本を読まずにやっていたことからヒントを得た方法です。子どもには時々絵本を読むのではなく，頭に浮かんだままお話を作ってみると，子どもは真っ暗の部屋で結構真剣に聞いているのです。何度もやっているうちに，自分の作る話のテーマがいつも共通していることに気がつきました。それからは，バラエティをもたせようとして異なったテーマでやろうとするのですが，自由に空想が羽ばたかず，止まりそうになったり，ちょっとした"脱線"から話が進んだりするなど，結構おもしろいものだ，と思うようになりました。

　ここで行う課題はほとんどこのままです。始め方の工夫はいくつかあり得ると思いますが，筆者が学生によく行うのは，4〜5名のグループを作らせて，お話作りの順番に当たった人に，たとえば「時計」という単語ひとつを書いた紙切れを渡します。それを渡された人は，その「時計」をテーマにした話を作り，5分程度で終わるようにします。その場合に決して止まらない，という条件を課します。慌てる必要はありませんが，とにかく止まらずに話し続けるようにします。"頭"で考えられないので，ほとんど口から出任せのようになることもあるでしょうし，のびのびとイメージが広がることもあるでしょう。これをグループ全員で順にやっていくのです。次の人にはまた別のテーマでたとえば「ステレオ」という紙片を渡したりします。テーマをどのように決めるかはいろいろな方法が考えられますので，自分たちでおもしろいやり方を工夫してみましょう。

　やってみると予想以上にできるものです。何度もやると自分の空想のパターンが見えてきたり，自分についての気づきも起こります。時に"名作"が生まれることあります。この課題は人の話を聞く時に，空想を自由にして聞くという能力を高めるものです。

カウンセリングなどは話をするだけで人が変化することを期待するものです。話を聞く側の頭が固くては，行き詰る雰囲気がただよいます。クライエントの話の中にいろいろな方向に展開する可能性が感じられるような頭の状態を作り出しておくと，クライエントに伝わる雰囲気も伸びやかですし，クライエントの話の内容にも伸びやかさが出てきます。また，行き詰るように思えても何とかなるものだ，という，いわば「自分の可能性や無意識を信じる」というような心構えもでき上がってきます。

　この方法にはさらにスペシャルバージョンがあります。上述したフォーカシングには「夢フォーカシング」（ジェンドリン，1988）という，夢分析にフォーカシングを用いる技法です。その中に覚えている夢の続きを考える，という方法があります。この夢フォーカシングの方法を，お話作りに利用することもできます。テーマは人から与えられるのが上述の方法でしたが，夢の場合は自分が覚えている夢の内容をグループに伝え，そこから，その夢がどう展開するかを話していくのです。うまくいくと，自分で興味深い気づきが起こったりします。つまり，これは夢分析の方法のひとつとして活用することもできるのです。

（中田行重）

読書案内──体験学習の教科書

羽鳥　操　2003　野口体操入門　岩波書店
　　野口体操をわかりやすく紹介しています。
池見酉次郎　1963　心療内科　中公新書
　　心で起きる体の病気である心身症についてわかりやすく書いた古典的名著。
國分康孝　1981　エンカウンター──心とこころのふれあい──　誠信書房
　　エンカウンター・グループで使う体験課題がたくさん載っています。
成瀬悟策　2000　動作療法　誠信書房
　　動作療法という身体から心へのという斬新なアプローチの奥深さが伝わります。
竹内敏晴　1990　「からだ」と「ことば」のレッスン　講談社現代新書
竹内敏晴　1988　ことばが劈かれるとき　ちくま文庫
　　竹内先生のこの2冊は演劇におけるユニークな訓練入門書ですが，臨床心理学においても有益な体験課題です。
田嶌誠一　1992　イメージ体験の心理学　講談社現代新書
　　「壺イメージ法」という独自の臨床技法を開発した田嶌先生によるイメージ体験の解説書です。

文　献

ジェンドリン, E.T.　村山正治訳　1988　夢とフォーカシング　福村出版
ジェンドリン, E.T.　村山正治・都留春夫・村瀬孝雄訳　1982　フォーカシング　福村出版
中田行重　2003　フォーカシングの教え方についての試論　東亜臨床心理学研究, 2(1), pp.51-59
中田行重　2004　臨床心理学のゼミ運営を促進する1つの方法としてのエンカウンター・グループ―その可能性についての検討―　関西大學文學論集,, 53(4), pp.67-79
野口三千三　1977　野口体操・からだに貞く　柏樹社

12 地域実践心理学の現場

1 様々なボランティア

　地域実践心理学はそれぞれの地域社会がもっている互いに支え合う力をいかに賦活し，結集させ，より大きなものにするか，を考えていくものです。ですから，地域実践心理学の活動の大きなひとつは地域に出かけ実際に支援を行うことです。そのためには支援活動の個々の事例を通して，どのようなことが地域で必要とされていて，これまではそれに対してどのように対応がなされてきて，どのような成果を上げているのか，あるいは立ち遅れているのか，を知ることが重要です。そして，どのような支援が相応しいかを考えていくことが目的になります。

　地域実践心理学は新しい学問であり，方法論やその内容の広がりは今後の展開が待たれるところです。現時点で，地域に出かけて行う支援の多くはボランティアという活動をとります。ボランティアには数多くのものがあります。特にそのうちでも教育，発達，子育て支援，福祉，自然環境での遊びなど，子どもに関係するものが地域実践心理学の活動の大きなもののひとつと言えるでしょう。

　地域実践心理学で子どもが大きな意味を占めるのは，子どもは将来を担っていく宝物であるにもかかわらず，子どもを取り巻く現代の状況が厳しいためです。

　ここでは，地域実践心理学の活動の場となり得るもののうちのいくつかを掲げて，それぞれのもつ意味などについて考えます。

2 親子教室／子育て支援／共同保育

　本来ならば，赤ちゃんは生まれてくることが歓迎され，その存在の全てが愛されることで育っていきます。ところが，虐待のニュースや「できちゃった結婚」などの話を聞くことが多くなりました。赤ちゃんは泣いて訴えることが成長のための大事な仕事であるのに，泣き止まないという理由で虐待されたり，親の性的快楽の副産物として生まれさせられてきた赤ちゃんもいます。また，女性がレイプされた結果生まれてきた子どももいます。不倫関係から生まれてきた子どももいます。つまり，その生物学的親が親としての自覚のないまま，子どもができるケースが増えてきています。
　また，このような場合でなくても，いまの時代，キャリアと子育ての強い葛藤があって子育てに没頭できなかったり，子育ての気持ちはあってもその仕方を知らないし，相談する人もいないという場合もあります。一方で子どもを望んでいても，なかなかできない夫婦がいることを考えると何とも不幸なことです。
　こうした状況を背景にして，子どもを育てる親を支援する活動や仕事が昨今，「子育て支援」として注目されるようになりました。その中でも特に就学前の幼い子どもとその親への支援が保育園や幼稚園，また地域の市民センターなどで行われています。そのひとつが親子教室と言われるものです。親子で遊ぶ方法や子どもへのかかわり方，子どもの様子の見方などを親が子どもと共に遊ぶ空間の中で教えます。また，孤立しがちな親同志のネットワークを作る場を提供したりします。
　次に，保育士に子どもを預けっぱなしというのではなく，保育士と親とが共に子育てにかかわるという発想の保育があります。これを共同保育といいます。親はお迎えや運動会などの行事の時だけでなく，普段から親や保育士がよりよい保育のあり方の話し合いをもったり，幼稚園の活動に親が参加するなどして，親が子育てにコミットし，問題意識をもつことを促すものです。このような保育のボランティアに参加することで，子どもの発達や親子関係，親としてのあり方などについて体験的に学ぶことになります。

3 思春期グループ／セルフヘルプ・グループ／フリースクール

　学校に行けなくなった子どもをはじめ，同じ問題行動や症状をもつ人たちへのグループアプローチのひとつです。抱えている問題は違っていても，社会不適応という点で共通している思春期の子どもが集まって行うグループが思春期グループです。児童相談所などの地域のセンターで行われることもありますし，保健所や病院で行われることもあります。音楽や美術，身体活動などをグループで行ったり，グループ・カウンセリングを行ったりします。前者の場合には思春期の子どもが仲間作りを楽しみながらできること，スタッフとの接触やその活動により社会性を身につけるようになることを目的にしています。後者の場合はひとつの心理療法であるために，ファシリテーターとなる人は相当の訓練をつんでいることが必要です。

　思春期の子どもはグループへの参加拒否感が強い場合が多いので，グループに参加させたり，ドロップアウトしないようにすることがひと苦労です。したがって，グループのその時間の中だけでなく，グループ前後の声かけなどにも相当のむずかしさがあります。とは言え，グループに参加させることが最終目的ではありません。本人の不適応行動や症状の軽減，そして社会復帰が目的です。無理にグループに参加させようとしないことが重要です。むしろ，参加するかしないかについての本人の主体的な感じを，いかに大事にできるかがポイントになります。

　セルフヘルプ・グループは同じ悩みや苦しみ，病を抱えた人たちが互いに支え合うためのグループです。かつてわが国におけるセルフヘルプ・グループの代表は断酒会というアルコール依存の人たちのグループでした。しかし，現代はわが国でもこの種のグループの数や種類は相当に増えてきました。セルフヘルプ・グループの大きな特徴は国や市町村が提供するグループではない，ということです。もちろん，市町村が財政支援をすることはありますが，基本は相互支援であり，NPOなどに発展しているものもあります。同じ「グループ」という名前がついていても，上に記した「グループ・カウンセリング」などと違い，治療グループではない，というのが特徴です。しかし，それは援助の質

が低い，という意味ではありません．グループ・カウンセリングなどよりもはるかに援助的なセルフヘルプ・グループもあります．ボランティアとしては，その運営に携わり，参加メンバーを支えたり，あるいはセルフヘルプ・グループを立ち上げたりすることが仕事になります．

　フリースクールとは多くの場合，不登校の子どもが通常の学校の代わりに行く場所のことです．その運営はそれぞれのフリースクールによって異なりますが，学校のように一定のカリキュラムや時間割を決めずに子どもに合わせて勉強したり，学年別に編成せずに全体で学んだりします．人数がそれほど多くないのでそのような個別対応がある程度可能なのです．また，活動内容を子どもに決めさせたりする所もあります．そのようにして，学校のもっている束縛的なもの，個別的でないものを減らして，個々の子どもの能力やペースを大事にする，というのがその基本的な考え方です．なお，フリースクールの中には教育委員会が設置している適応指導教室のように，そこに行くことで教育委員会が学校への出席として認めるものもあります．

　このようにフリースクールは少人数で本人のペースを大事にするので，学校よりは居やすいかもしれません．しかし，「スクール」というだけにやはり「学校」です．フリースクールであっても行けない子どももいるし，初めはフリースクールに行っていても，行けなくなる子どももいます．ボランティアとしてはこのようなドロップアウトを作らないように，できるだけ個々の子どものエネルギーを妨げないような雰囲気の場を提供することが必要です．

4　児童養護施設／障害者施設

　親が死亡したり行方不明になったり，入院したりして親がいない子どもがいます．また，離婚や経済的理由，虐待などそのほか何らかの理由で家庭での養育が困難な子どもたちがいます．このような子どもを入所させて自立を支援するのが児童養護施設です．2歳未満の乳児は乳児院へ入所することになります．児童養護施設は食事をし，そこから通学し，夜は就寝する生活の場です．しかし，何十人かの子どもが一緒に暮らす集団生活なので家庭とは雰囲気がだいぶ違っています．

ボランティア活動としては，子どもたちの遊び相手になったり，生活や学業の支援をすることになります。親から何らかの理由で離れていること，あるいは離されねばならないような家の状況であったことが関係して，中には人に対する複雑な思いを抱えている子どもたちもいます。そうした子どもの心に思いを馳せながらボランティアをすることになります。

　障害者施設には療育センターのような治療機関もありますし，作業所のような社会復帰のためのリハビリテーションセンターもあります。こういうところにボランティアに行く人は，障害についての勉強と共にノーマライゼーションという思想について勉強しておくことをお勧めします。つまり，やみくもに援助するのではなく障害をもっている本人自身が少しでも社会に生きているという実感をもてるような援助が必要です。また，その家族の思いに配慮することも大事なことのひとつです。具体的なボランティア活動としては，療育や作業，通所の手伝いなどです。

5　学童保育

　小学校が終わった後で，家に帰るまでの時間子どもを預かるのが学童保育です。一般にその学校内や近隣の場所を使って行われます。学童保育は親が働きに出かけていて子どもが家に戻っても誰もいない，という家庭に対して行われています。子どもたちはそこで遊んだり，勉強したりします。

　学童保育の現場は学校ほどにはスタッフの数がいないのに，多くの子どもを抱えていて，手が足りないのです。ボランティアとしては子どもと遊んだり，勉強を教えたりすることになります。

6　家庭教師／学習支援

　フリースクールや児童養護施設，学童保育のところで見たように，子どもたちに学習を支援することもボランティアの仕事として重要です。勉強のつまずきがきっかけとなって不登校になる子どもがいます。また，学校に復帰しようとしても勉強がネックになって復帰できない子どももいます。児童養護施設に

入所している子どもは大人になるとそこを出て行かなければなりません。つまり，社会人となって自分でお金を稼がねばなりません。就職するためにはある程度，学校の成績が必要です。心理臨床の事例研究などでは本人の家族関係や生育歴などが重要視されていますが，学校の成績は結構大きな問題であることが少なくありません。学校の成績が大きく幅を利かす世の中は決して良いとは言えませんが，現実的にはそれに対応しなければなりません。

　学習支援の方法のひとつとして家庭教師があります。家庭教師が良いのは個人のペースを大事にした学びを促すことができる点です。せっかく，個人対応の勉強をするのですから，内容の組み方や進め方，動機づけの仕方，休憩時間のとり方など，学校をモデルにするのではなく，その子どもためだけのオーダーメイドの学習プランを考えるようにしましょう。また，学びは学校の勉強だけが重要なのではありません。ほかにも人生で必要な学ぶべきことがたくさんあります。学校の勉強だけでなく，その子の知的好奇心を引き出し，その子ども本人の内発的な能力と意欲を妨げないようなやり方を工夫してみましょう。

　また家庭教師のボランティアには，いわゆる勉強を教えるボランティアだけではなく，「家庭教師」としてやってきて，実際にはたとえば引きこもっている子どもの心をほぐすためにプレイセラピストのようにかかわることもあります。いわば訪問カウンセラーですが，立場的には「家庭教師」という名前を借りているのです。ただし，その場合には親やボランティア派遣機関の誤解を招かぬために，彼らに対してそのことをあらかじめ説明しておくことが必要です。

　なお，学習支援というと机の上の勉強だけを考えがちですが，それ以外にもあります。音楽や体育などの支援も可能です。体育などは子どもを不登校にするきっかけのひとつです。からだを動かすことが得意なボランティアは体育などで子どもにかかわることもできます。この場合にも子どものペースを尊重することが重要です。部活動のような厳しい練習を課さないようにしましょう。また，言うまでもありませんが，怪我をさせないような注意が必要です。

7　キャンプ療法／合宿治療

　同じ症状や障害をもった子どもが自宅や普段通所している施設を離れて合宿をするのがキャンプ療法です。1泊2日のものから1週間程度のものがあります。これはいわゆる，レジャーとしてのキャンプをするものと，一定の治療や訓練を行うものがあります。前者ではキャンプという経験そのものを治療的・成長的なものと考えています。つまり，集団での寝泊り，食事，食事作り，自然とのふれあい，スタッフとの普段とは異なるふれあいなど，日常生活とは異なる経験をたくさんすることができます。後者は一定の治療や訓練のセッションを1日に何度も設定して集中的に行うことと，セッション前後の集団生活という合宿体験からなっています。主眼は集中的な治療・訓練にあり，それを受ける子どもは疲れますが，その前後の普段の日常とは異なる集団生活が気分転換の役割を果たしますし，同時にそれが成長的な経験になるようにプログラムを組みます。

　親が同行する場合もあります。その場合は子どもが訓練セッションを受けている間，親だけで集まって互いの苦労をねぎらうなどのセルフヘルプ・グループ的なセッションを行うこともあります。それは今後の親の相互支援ネットワーク作りの基盤にもなります。

8　子ども会，少年団，青年会議所などの地域活動

　それぞれの地域では子ども会や少年団，青年会議所による地域活動などが行われています。ほかにも地域のお祭りなどの行事が行われています。これらの活動は幅広く地域や団体によって異なります。しかし，こんにち，このような活動に参加する人はかなり減っており，活動も以前ほど活発ではなくなってきました。さらに最近の携帯電話やインターネットの普及で，人と人が直接出会うことが随分と少なくなりました。このことの問題は既にいろいろな人によって指摘されています。

　人と人とが同じ時間と場所を共有するという体験は，特に成長過程にある子

どもにとって重要です。最近では塾や習い事がそのような場の代用品になっているとも言われています。塾や習い事に行かない子どももちろんいます。このように現代の子どもはほかの子どもたちと一緒に居る時間が以前に比べて圧倒的に少なくなっています。

　こうした時代にあって，上述したような地域活動は重要な意味をもってきます。人を孤立させないようにすること，子どもが遊ぶ機会を作ること，人と人が出会うことによる癒しの感覚に気づいてもらうことなど，地域活動はそこの人びとにとって治療／成長的な意味を多くもっています。また，このような活動は現代の地域社会のあり方を変えていくこともめざしています。

　このほか，精神保健福祉領域でも，心理士の活躍が期待されます（串崎他，2004;串崎・近藤，近刊を参照）。

　ただし，時代は常に変化しています。昔のままの活動内容ではついていけない人も多いでしょう。いまの人のニーズや感覚にあったものを作っていくことも今後の地域活動の課題です。

（中田行重）

読書案内――体験学習の教科書

河合雅雄　1990　子どもと自然　岩波書店
　　サルの観察からヒトの子どもの発達について考えさせてくれる本です。
坂口哲司　1995　保育・家族・心理臨床・福祉・看護の人間関係　ナカニシヤ出版
　　心理臨床や福祉，看護，保育などの境界にまたがる領域の援助論を紹介しています。
汐見稔幸・大枝桂子　2003　世界に学ぼう!子育て支援――デンマーク・スウェーデン・フランス・ニュージーランド・カナダ・アメリカに見る子育て環境
　　世界の子育て支援事情から日本の子育てについての問題意識を高める本です。
汐見稔幸　2002　親子ストレス　平凡社
　　少子化社会における家族や教育の問題を臨床的な視点から考えます。
仙田　満　1992　子どもと遊び――環境建築家の眼――　岩波書店
　　遊びについて改めて考えさせられて，とても刺激的です。
武田信子　2002　社会で子どもを育てる　平凡社
　　社会が全体となって子育てしようとするトロントの実践はわが国の今後の課題を教えてくれます。
山本和郎　1986　コミュニティ心理学　東京大学出版会
　　わが国でコミュニティ心理学という分野のさきがけとなったテキストです。
村山正治　2003　コミュニティ心理学特論　放送大学教育振興会
　　コミュニティ心理学の放送大学のテキストですが，上記のテキストよりも新しい分，現代の

問題に焦点があてられていますし、コミュニティと地域の両方のテーマが入っています。

文　献

串崎真志他　2004　デイケアにおける集団絵遊び療法について　大阪府こころの健康総合センター研究紀要9　53-59

串崎真志・近藤良一　近刊　高齢者の対人関係を改善する　曽我昌祺・杉本敏夫・日下菜穂子編　高齢者のこころのケア　金剛出版

13 地域実践心理学の研究

1 なぜ研究するのか

　いよいよ最後の章は，研究（research）についてです。私たちは，なぜ研究法（research methods）を学ぶのでしょうか。ひとつには，「卒業論文」を書かなければならないという，実際的な要請によるでしょう。第二に，研究法を学ぶことによって，心理学のこれまでの知見を，自分の目で評価することが可能になります。本当に信じるに値するかどうか，判断できるというわけです。第三に，私たちは，心理学の知見を社会に還元し，その活動について説明する義務があります。研究は，そのような説明責任（accountability）に応えるひとつの形と言えるでしょう。第四に，もちろん，心理学が発展していくためには，研究によって新しい知見を生み出していく必要があるからです。

　人間について考える（思索），様々な現象を確かめる（検証），問題解決へ向けてアクションを起こす（実践）。この3つがバランスよく取り入れられて初めて，心理学は有意義な学問体系となります。心理学の知見を学ぶだけなら，書物だけでも十分に可能でしょう。ところが，自分の手で確かめるとなると，どうしても研究法をマスターしなければなりません。研究法は，書物だけで習得できるものでもありません。実際に課題をこなしながら身につける，「わざ」的な要素がたくさんあります。各大学の心理学のコースに，「心理学実験」や「実験実習」のカリキュラムが必ず用意されているのも，このような理由からです。逆に言えば，真に心理学を学んだかどうかは，研究法をどれだけ身につけたかにある，とも言えるでしょう。

2 調査法

下山（2001, p.194）によると，調査（survey）は「現実の抽出」といいます。日常生活の印象や主観的判断をかっこに入れて，実際はどうなっているのかを見てみよう，というわけです。調査にもいろいろあるのですが，ここでは量的研究（quantitative research），つまり質問紙調査（questionnaire）を取り上げましょう。

関西大学文学部の学生が，ボランティア活動をどの程度しているのか，調べることにしましょう。最も正確に知る方法は，文学部の学生全員に聞くことです。これを全数調査（complete survey）と言います。たとえば，5年に1度実施される国勢調査（census）は，全数調査ですね。得られたデータは，よりわかりやすい形に整理できます。たとえば，平均（mean）などの代表値や，標準偏差（standard deviation）などの散布度を算出したり，あるいは，分布（distribution）の様子を，グラフや散布図（scatter diagram）に描くこともできるでしょう。これらの手法は，記述統計（descriptive statistics）と呼ばれます。その際，最もよく知られている分布が，正規分布（normal distribution）です。図13-1にあるように，理論的には，平均±標準偏差の範囲に全体の68.3％，平均±2×標準偏差の範囲に全体の95.5％が含まれることを知っておくと便利です。

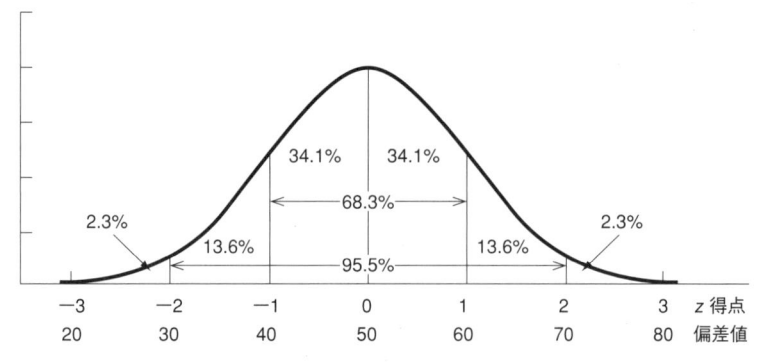

図13-1 変数が正規分布にしたがう場合のz得点および偏差値の範囲と分布の割合の関係
（南風原, 2002, p.40より）

ところが，文学部の学生といっても，1学年750名いるわけですから，全員に聞くことは，現実的に不可能です。そこで，知りたい対象（母集団 population）から，一部（標本 sample）を選んで調べる方法があります。これを標本調査（sampling survey）と言います。たとえば，テレビの視聴率調査は，標本調査ですね。標本調査の基本は，無作為抽出（random sampling）。たとえば，乱数表（random number table）を使って，学生名簿から学籍番号を無作為に選び，その人たちに聞くという手続きをとります。いわば，きちんとかきまぜてから，味噌汁の味見をするのと同じです。

ただし，心理学では，母集団が明確でないことも，無作為抽出が困難な場合も多いのです。たとえば，「幼稚園児」「高校生」「高齢者」などの年齢集団，「主婦」「会社員」などの職業集団，「男性」「女性」というジェンダーを母集団に設定しても，無作為抽出は現実的にむずかしい。この場合，「母集団を実際のサンプルに合わせて限定」（南風原，2002, p.121）した上で，考察する必要があるでしょう。これは，過度の一般化（over generalization）を防ぐための方策です。いずれにしても，統計的検定を用いるためには，標本が「互いに独立に，同じ確率分布から得られたものであること」（南風原，2002, p.87）が前提となります。

得られたデータは，確率論をふまえ，母集団について推測します。この手法は，推測統計（inferential statistics）と呼ばれます。分散分析（analysis of variance），カイ2乗検定などの統計的検定（statistical test）がよく使われます。標本数が小さい時，母集団が正規分布でないと考えられる時は，ノンパラメトリック検定（nonparametric tests）を用いることになります。また，重回帰分析（multiple regression analysis），パス解析，因子分析（factor analysis）などの多変量解析も重要です。

統計的検定の考え方は，こうです。ある仮説（帰無仮説 null hypothesis）を正しいとしたときに，得られたデータのような変動が生じる確率（probability）を計算し，その値が小さければ（便宜的には5％以下），仮説を棄却する。たとえば，男女間でリーダーシップ能力の高低を比較するために，大学生男女それぞれ60名に，リーダーシップ検査を実施した結果が，図13-2のグラフのようになったとします（海保，2003, p.110）。男性は平均6.7，女性は平均5.7で，

第13章 地域実践心理学の研究

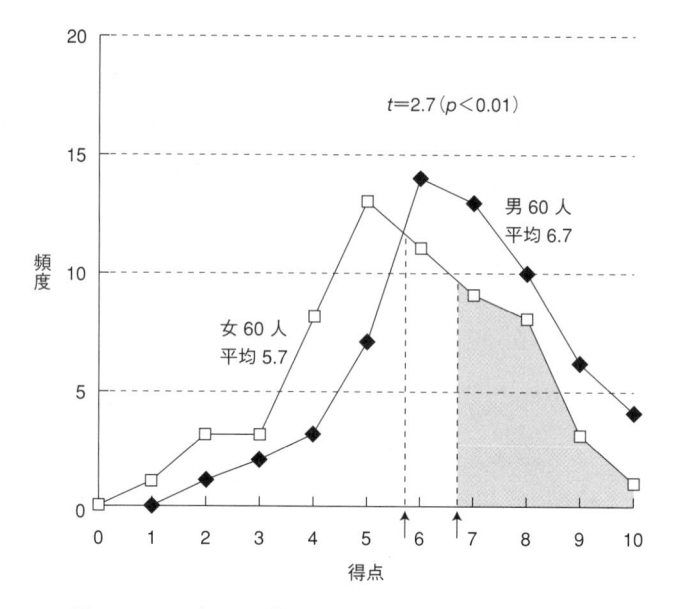

図13-2 リーダーシップ能力検査の結果（海保, 2003, p.110より）

　分散分析の結果,「リーダーシップに関して，男女が同じである」（帰無仮説が正しい）にもかかわらず，このような分布になる確率が5％以下だったとしましょう（あくまで仮想データ）。結果，この帰無仮説は棄却され,「リーダーシップに関して，男女が同じであるとは言えない」という結論が導かれます。これを，統計的に有意（significant）な差が見られた，と表現します。
　ここで重要なのは，たとえ平均値が男性6.7, 女性5.7であったとしても，そこには散らばり（標準偏差）があるということです。当然，平均よりも高い人もいれば低い人もいる。いわゆる個人差です。そこで，もう一度グラフの散らばりを見てください。女性でも男性の平均を上回っている人が，60人中21人もいるのです（網かけ部分）。
　このようなことは，あらゆる比較研究で言えます。2群で平均値の差があったとしても，測定値の分布（グラフの山）がきっちりと2つに分かれているわけではありません。それでも，差がある（同じであるとは言えない）と結論できるというわけです。性差もあるが，個人差も大きい。平均値がそうだからと

いって，目の前にいる男性（女性）が，どうなのかはわからないのです。海保さんは，「個人を無視した平均は差別を生む」と言います。このことには，十分に注意を払う必要があります。ちなみに，帰無仮説が正しいのに棄却してしまう誤りを，第一種の誤り（type I error），逆に，帰無仮説を棄却すべきところを採択してしまう誤りを，第二種の誤り（type II error）と呼びます。

3　研究の始まり

仮に質問紙を配布すれば，何らかのデータは得られます。しかし，むやみに調査すればよいわけではありません。まずは，研究の問い（research question）を明確にするところから始めます。市川（2001, pp.11-13）は，心理学研究の過程を，「問題の設定」「データの収集」「分析と解釈」「研究の発表」の4つにまとめました（表13-1）。また，津川・遠藤（2004, pp.49-72）は，「研究を進めるための6つのステップ」として，「臨床現場で問題意識をあたためる」「研究

表13-1　心理学研究の過程（市川, 2001, pp.11-13をもとに作成）

問題の設定　研究は，自分が何に関心をもち，何を知りたいと思うかをはっきりさせることから始まる。その関心は，日常的な経験から生じることもあれば，それまでに行った調査，実験，実践から生じることもある。また，学術的な文献を読んでいて起こってくることもあるかもしれない。

データの収集　探索型の研究も，検証型の研究も，データに基づいて進められることが心理学の特徴であることを述べた。データとは，研究対象についての情報を記述したものである。心理学では，観察や面接の記録，自由記述の質問紙，段階評定式の質問紙，能力を測定するテスト，実験場面での正答率や反応時間など，様々なデータのとり方がある。

分析と解釈　得られたデータを分析し，解釈することもまた，データ収集の方法と並んで，研究プロセスの中核的な部分である。探索型研究の場合には，データを整理する枠組みを考えたり，何らかの法則性を発見したり，現象をうまく説明できそうな理論的考察を行ったりすることになる。検証型研究の場合には，仮説的命題の中に現れる内容がどのデータに対応するのかをはっきりさせ，仮説を支持する結果になっているのか否かを検討していく。どちらの場合も，量的なデータに対しては，様々な統計的手法がよく使われる。

研究の発表　研究の成果は，報告書（レポート）や論文のような文書としてまとめられることもあれば，研究会や学会での口頭発表の形で公表されることもある。研究を発表するということは，研究者自身にとっては，改めて自分の考えを整理し，検討し直すという意義がある。また，他者への情報提供であり，他者からの意見を受けるという社会的コミュニケーションの機会でもある。

表13-2 研究タイトルの例（津川・遠藤, 2004, p.23 より作成）

×「思春期のロールシャッハ・テスト像」
　→まったくの不可。大風呂敷もいいところ。

×「中学生男女のロールシャッハ・テスト像」
　→不可。年代は絞れたが，①主題，②対象，③方法のうち，肝心の①主題がない。

○「中学生男女におけるロールシャッハ・テストの体験型の差異についての一考察」
　→②対象は「中学生男女」で，③方法は「ロールシャッハ・テスト」で，①主題は「体験型の差異について」であり，ほぼ合格であろうか。

情報を収集する」「研究のタイプを規定する」「研究計画を立案し，実施する」「研究結果を分析する」「研究成果を発表する」を挙げています。津川・遠藤（2004, p.23）は，「研究目的が絞り込めているか，そうでないかは，自分の研究タイトルを見るとよくわかる」と言います（表13-2）。

さて，研究目的が明確になったとして，いよいよ調査用紙の作成です。この場合，自分で質問項目を考える場合と，既成の尺度（scales）を利用する場合があります。後者の場合，山本（2001），吉田（2001），松井（2001）などを参考にしながら，研究目的に合った尺度を探すとよいでしょう。いずれの場合も，表紙（face sheet）をつけて冊子にします。表紙には，調査の目的，協力依頼，調査者を明記しましょう（表13-3）。調査用紙の作成で重要な点は，(1)回答者（調査協力者）の負担にならないように，質問項目をできるだけ少なくすること，(2)回答者のプライヴァシーを守ること，(3)回答しない権利があることを忘れないことです。

特に，プライヴァシーにかかわる質問項目が含まれる場合は，表13-3以外にも，口頭あるいは個別に，詳細な説明をする必要があるでしょう。あるいは，別途，「説明および同意書」（津川・遠藤, 2004, p.45-47）を，文書で契約することが必要かもしれません。アメリカ心理学会（American Psychological Association）の倫理基準（Ethical Principles of Psychologists and Code of Conduct）では，「8.02　研究への説明と同意」（8.02　Informed Consent to Research）という項目があり，「参加を断る権利ならびに研究の途中で辞退する権利」があることを，協力者（participants）に伝えるようになっています（Kazdin, 2003, p.760）。このような倫理については，章末の「読書ガイド」を

表13-3 調査用紙の表紙（例）

> ## 大学生のボランティア意識に関する調査
>
> この調査は，大学生のボランティア意識に関して，心理学的な側面から検討することを目的にした調査です。答えにくい質問もあろうかと思いますが，普段のご自身を振り返り，率直にお答えいただければ幸いです。なお，データは集団として統計的に処理され，研究後は裁断処理されます。個人の回答を議論するものではありませんので，どうぞ安心してご記入ください。また，研究手続きに関するご意見やご質問等がありましたら，下記まで遠慮なくお問いあわせください。なお，研究結果につきましては，下記Webサイト等で公開する予定です。ご多忙のことと存じますが，ご協力のほどよろしくお願い申し上げます。
>
> 　　　　　　　　　　　　　　　関西大学文学部地域実践心理学研究室
> 　　　　　　　　　　　　　　　　　　　　　　　　　串崎真志
> 〒564-8680　大阪府吹田市山手町3-3-35
> 　　　　　　　　　　　　　　　　　Tel & Fax：06-6368-xxxx
> 　　　　　　　　　　　　　　　　　　　　xxxx@mail.goo.ne.jp
> 　　　　　　　　　　　　　　　http://www13.ocn.ne.jp/~mkushi

参考にしてください。

4　質的研究

これからの心理学では，質的研究（qualitative research）が重視されていくと思います。質的研究とは，観察（observation），面接（interview），フィールドワーク（fieldwork）などの手法で実施される研究を指します。やまだ（2004, pp.11-12）は，質的研究者の立場として，次の5つを挙げています。

1. 客観主義の基盤になってきた「素朴実在論」への懐疑
2. 観察者と観察対象の相互作用や社会的相互行為の重視
3. 社会・文化・歴史的文脈を抜きに抽象的に仮定されてきた「普遍性」と「グランド・セオリー」への懐疑
4. 人びとが生きる世界の多元性と多様性，変化プロセスの重視
5. 意味やナラティヴの重視

これを見ると，質的研究が，単なる研究方法ではなく，人間観や認識論と結びついていることがよくわかります。

観察は，時間見本法（time sampling method），場面見本法（situation sampling method）〔たとえば街の交通量調査〕，事象見本法（event sampling method）などに分類されます（澤田・南, 2001, pp.25-27）。また面接は，大きく調査的面接（research interview）と臨床的面接（clinical interview）に分類されます。調査的面接には，構造化面接（structured interview）〔あらかじめ質問すべき項目が準備されていて，それを逐一聴き出していく〕や，半構造化面接（semi-structured interview）〔あらかじめ質問項目は準備をしておくが話の流れに応じて柔軟に質問を変えたり加えたりする〕があります（澤田・南, 2001, p.31）。臨床的面接については，章末の「読書ガイド」を参考にしてください。

フィールドワークで最も重要な作業は，フィールドノーツを書くことです。伊藤（2004, p.99）は，「質的研究を志す研究者にとってメモをとるというのは，ぜひ身につけたい習慣」だといいます。

> 現場に時空間的に近いところで書いた現場メモをもとに，清書版フィールドノーツを仕上げる。それもあまり時間をあけずに，できるかぎりその日のうちに，遅くとも翌朝起きてすぐに書くということが大切である。いくら現場メモがあっても，二，三日時間がたってしまうと，細部を思い出すことができなくなり，それらの情報は，永遠に取り戻すことができないものとなってしまう。
> この清書版フィールドノーツを書くときは，第三者が読んでも分かるような記述を心がける。新聞記事を書くときに大事だといわれる5W1H（いつ，誰が，どこで，なぜ，何を，どのように）を意識した記述をするとよいであろうし，いわゆる主観的な印象（たとえば「派手な服装をした人」）を書くならば，その印象が具体的に何にもとづいているのか（たとえば「鮮やかな赤いシャツに光沢のある皮のズボンをはいている」）を書き込むようにするべきである。また，現場の全体的な様子に目を配り，目的に応じて細部の記述もしておくことも必要だ（伊藤, 2004, pp.100-101）

それでは，質的思考の練習として，KJ法をやってみましょう。KJ法は，川喜田二郎（1967）によって，「発想法」として提唱されました。たとえば，「日

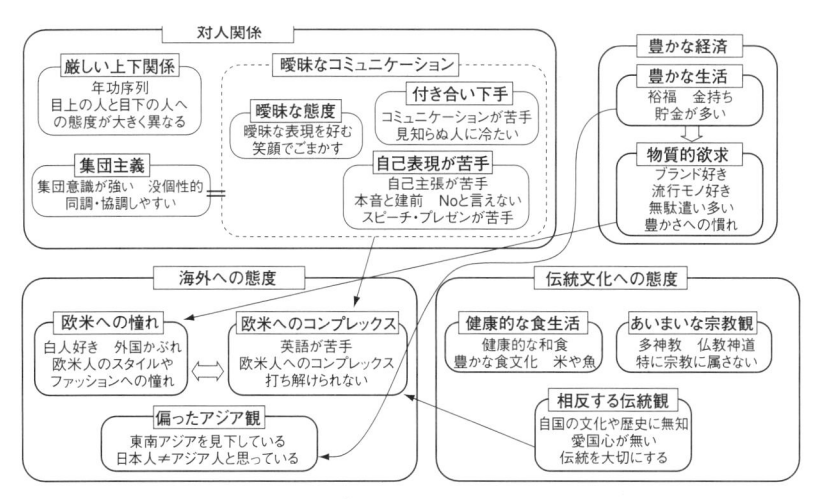

図13-3 日本人のイメージ　KJ法による図解例（安藤, 2004, p.197より）

本人のイメージ」について，まとめることにしましょう。まず，小さなカードをたくさん用意して，1枚に1項目ずつ，思いつくイメージをどんどん書いていきます。この時，批判的思考にならないこと，頭の中で取捨選択しないことが重要です。カードがたまったら，1枚の大きな模造紙の上に広げ，「似ている」（これも主観でよいのです）カードを集めてグループにします。いくつかのグループができたら，「見出し」を考えましょう。そして，カードを模造紙に貼り，グループの見出しをペンで書きこみ，図示します。最後に，グループ間の関連を考えて終わりです。思わぬ発想が得られるかもしれません。また，みんなでわいわいやりながら実施するのもよいでしょう。図13-3のような図解ができるはずです（安藤, 2004, p.197）。

5　環境へアプローチする心理学

　これまでの心理学は，個人の心理的特性を明らかにしていくことが中心で，アプローチの目標も，主としてそのような点にあったと思います。けれども，これからの心理学は，個人の心理的特性を明らかにすると同時に，それに対応した環境作りを提言することも，増えていくように思います。

たとえば，建築学の荒木兵一郎（2004）によれば，認知症（痴呆性）高齢者の徘徊では，廊下の行き止まりで，ドアをがちゃがちゃしていることなども多いそうです。そこで，逆に，廊下のつきあたりを居場所としてくつろげる空間にしたところ，無意味な徘徊が減ったといいます。あるいは，壁に向かって作業をするタイプの台所では，表情も暗くケガも絶えませんでした。ところが，対面式の台所に作り替えると，みんなで料理を楽しく作れるのだそうです。ちょっとした工夫で，様々なニーズをもった人が，生活しやすくなる。ちなみに，高齢者を対象にした調査では，まだまだ家族や友人に相談する傾向が高いこと（坂本, 2004, p.245）も知っておくべきでしょう。また，援助を受けることで自尊心が傷つくことがあることも（福岡, 2004, p.220），忘れてはいけません。

　このような発想で，たとえば，多動性の子どもたちが落ち着ける校舎や空間を考えることもできるでしょう。あるいは，障害にやさしい街作りに取り組むことも可能です。住居学，環境学，生活科学などと共同しながら，個人の心理的特性をふまえた環境作りを提言する。このような仕事も，心理学者のひとつの役割になると思います。特に地域実践心理学には，その役割が求められるでしょう。環境へアプローチする心理学。今後，期待される分野です。

（串崎真志）

読書案内―心理学研究法を学ぶために
南風原朝和　2002　心理統計学の基礎―統合的理解のために　有斐閣
南風原朝和・市川伸一・下山晴彦編　2001　心理学研究法入門―調査・実験から実践まで　東京大学出版会
無藤 隆・やまだようこ・南 博文・麻生 武・サトウタツヤ編　2004　質的心理学―創造的に活用するコツ　新曜社
津川律子・遠藤裕乃　2004　初心者のための臨床心理学研究実践マニュアル　金剛出版

読書案内―臨床心理面接を学ぶために
土居健郎　1992　（新訂）方法としての面接―臨床家のために　医学書院
ハーセン，ヴァン-ハッセル　深澤道子監訳　2001　臨床面接のすすめ方―初心者のための13章　日本評論社
神田橋條治　1994　（追補）精神科診断面接のコツ　岩崎学術出版社
神田橋條治　1990　精神療法面接のコツ　岩崎学術出版社
神田橋條治　1999　精神科養生のコツ　岩崎学術出版社
河合隼雄　1992　心理療法序説　岩波書店
倉光 修　2003　心理臨床の技能と研究　岩波書店

中井久夫　1982　精神科治療の覚書　日本評論社
成田善弘　2003　精神療法家の仕事―面接と面接者　金剛出版
成田善弘　2003　セラピストのための面接技法―精神療法の基本と応用　金剛出版
ザロ，バラック，ネーデルマン，ドレイブラッド　森野礼一・倉光 修訳　1987　心理療法入門―初心者のためのガイド　誠信書房
渡辺雄三　1991　病院における心理療法―ユング心理学の臨床　金剛出版

読書案内―倫理を学ぶために

コウリー，コウリー，キャラナン　村本詔司監訳　2004　援助専門家のための倫理問題ワークブック　創元社
コーリィ，コーリィ　下山晴彦監訳　2004　心理援助の専門職になるために―臨床心理士・カウンセラー・PSWを目指す人の基本テキスト　金剛出版
コーリィ，コーリィ　下山晴彦監訳　2004　心理援助の専門職として働くために―臨床心理士・カウンセラー・PSWの実践テキスト　金剛出版

文　献

安藤香織　2004　図式を利用する　無藤 隆・やまだようこ・南 博文・麻生 武・サトウタツヤ編　質的心理学―創造的に活用するコツ　新曜社　pp.192-198.
荒木兵一郎　2004　痴呆性高齢者に対応する住まいづくり　関西大学人権問題研究室第39回公開講座（2004年10月22日，関西大学千里山キャンパス総合図書館3階ホール）
福岡欣治　2004　人を助け，支えること　坂本真士・佐藤健二編　はじめての臨床社会心理学―自己と対人関係から読み解く臨床心理学　有斐閣　pp.201-222.
南風原朝和　2002　心理統計学の基礎―統合的理解のために　有斐閣
市川伸一　2001　心理学の研究とは何か　南風原朝和・市川伸一・下山晴彦編　心理学研究法入門―調査・実験から実践まで　東京大学出版会　pp.1-17.
伊藤哲司　2004　フィールドノーツをとる　無藤 隆・やまだようこ・南 博文・麻生 武・サトウタツヤ編　質的心理学―創造的に活用するコツ　新曜社　pp.99-104.
海保博之　2003　心理学ってどんなもの　岩波ジュニア新書
Kazdin, A.E.　2003　*Methodological Issues & Strategies in Clinical Research, Third Edition*. Washington, DC: American Psychological Association.
川喜田二郎　1967　発想法―創造性開発のために　中公新書
松井 豊編　2001　心理測定尺度集3―心の健康をはかる〈適応・臨床〉　サイエンス社
坂本真士　2004　これからの臨床社会心理学．坂本真士・佐藤健二編　はじめての臨床社会心理学―自己と対人関係から読み解く臨床心理学　有斐閣　pp.241-251.
澤田英三・南 博文　2001　質的調査―観察・面接・フィールドワーク　南風原朝和・市川伸一・下山晴彦編　心理学研究法入門―調査・実験から実践まで　東京大学出版会　pp.19-62.
下山晴彦　2001　臨床における実践研究　南風原朝和・市川伸一・下山晴彦編　心理学研究法入門―調査・実験から実践まで　東京大学出版会　pp.191-218.
津川律子・遠藤裕乃　2004　初心者のための臨床心理学研究実践マニュアル　金剛出版
やまだようこ　2004　質的研究の核心とは　無藤 隆・やまだようこ・南 博文・麻生 武・サトウタツヤ編　質的心理学―創造的に活用するコツ　新曜社　pp.8-13.

山本眞理子編　2001　心理測定尺度集1―個人の内面を探る〈自己・個人内過程〉　サイエンス社
吉田富士雄編　2001　心理測定尺度集2―人間と社会のつながりをとらえる〈対人関係・価値観〉　サイエンス社

あとがき

　地域実践心理学は，まだまだこれからの領域です。確立した体系が，既にあるわけではありません。これからの臨床心理学を見すえていく上で，地域と切り離された実践はあり得ない。これが，私たち著者の共通認識です。第1章で述べたように，それは，臨床心理学の背景にある原理を見直し，人と人が共生していく姿を，もう一度，見つめ直そうという動きでもあるでしょう。ただし，本書で扱っている内容は，そこまで踏み込んで書いてはいません。臨床心理学などの講義で，教科書として使えるものばかりです。行間から，私たちのこのような思いをくみとっていただければ幸いです。

　著者の中田と串崎は，受けてきた教育も，依拠する立場も，臨床の領域も異なります。それまで接点もなかったのですが，串崎が2004年に関西大学に着任したのを契機に意気投合，ついには共著で教科書まで書いてしまいました。このような「出会い」があるものだと，つくづく思います。それぞれの担当章を読んでいただければ，文章のスタイルも，臨床のスタイルも違うことが，わかるでしょう。しかし，二人の間には，「人のことを自分のこととして考える」という共通の信念があります。それが信頼を生んでいるのかもしれません。本書では，二人の個性をぶつける意味で，あえて内容の調整をしませんでした。結果として，重複しているところ，やや読みにくいところが残ったかもしれません。忌憚のないご意見をいただければ幸いです。

　本書は，関西大学文学部で二人が担当している，「地域実践心理学」「臨床心理学」「福祉心理学」「心理学概論」「心理学演習」の教科書として，使うことを念頭に構成されています。もちろん，それ以外にも，多くの読者に有用でしょう。特に，「心理学の専門家にはならないけれども，ボランティアやグループ活動を通して，広く地域とかかわっていきたい」というみなさんに，まず読んでもらいたいと思います。また，そのような読者が，臨床心理学について学ぶのに適した教科書といえるでしょう。なお，より実践的な内容をまとめた「実践編」の刊行も予定しております。こちらも，どうぞよろしくお願いいた

します。

　ふだん学生たちに接していると，地域支援における大学生の役割は大きいと，つくづく感じます。関西大学文学部では，心理学の学生を中心に，「コミュニティ・カウンセリング・ルーム」（CCR）を運営，地域のなかで自分たちができることを自主的に模索し始めています。彼らは決して「専門家」ではありません。しかし，次世代の力強い担い手になることでしょう。大いに期待したいと思います。

　最後になりますが，いつもながら，このような企画で自由に書かせていただいた，ナカニシヤ出版編集部の宍倉由高氏に，心からお礼申し上げます。

　　　2005年1月

索　　引

あ
赤ん坊　112
アスペルガー障害　37
アフォーダンス　72
アメリカ心理学会　134
アルツハイマー痴呆　38
アンナ・O　17
いじめ　39
医者　84
依存性人格障害　32
イメージゲーム　114
意欲の欠如　29
因子分析　131
陰性症状　29
インターネット　13
インフォームドコンセント　11
ウイリアムソン(Williamson, E.G.)　20
ウォルピ(Wolpe, J.)　23
うつ病　30
エキスポージャー　24
ADHD(注意欠陥／多動性障害)　37
エディプスコンプレックス　19
NPO　121
エンカウンター・グループ　99
演技性人格障害　32
援助交際　39
エンパワメント　5, 104
応答の技術(テクニック)　22
お話作り(Story-Telling)　116
お祭　125
親子教室　120

か
絵画配列　59
概日リズム　63
カイ2乗検定　131
回避性人格障害　32
カウンセリング　20, 75
　　——の適用　77
学習支援　123
学習障害　37
学習理論　23
学童保育　123
確認強迫　28
過食症　36
家族構成　77
合宿治療　125
活性化　108
カップリング　3
家庭教師　123
カプグラ症候群　71
カルテ　84
感覚　108
　　——の活性化　108
関係性　2
看護師　84
記述統計　130
「気になる子ども」　39
帰無仮説　129
虐待　39, 100, 120
逆転移　18, 113
キャンセル　83
キャンプ療法　125
給食　41
教育実践学　39
教育人間学　39
境界性人格障害　32
共感　79, 80
　　——的理解　22
行政　102
鏡像誤認　71
共同保育　120

強迫観念　28
強迫神経症　28
強迫性人格障害　33
恐怖症　27
拒食症　36
記録　84
グループ・アプローチ　12, 99
グループ・カウンセリング　99, 121
芸術・表現技法　99, 100
芸術・表現療法　13
軽症うつ病　30
系統的脱感作　23
系列化　59
KJ法　134
ゲシュタルトワークショップ　99
幻覚　29
研究法　129
幻聴　29
高機能自閉症　37
口唇期　19
構造化面接　136
鋼鉄のシャッター　22
行動療法　23, 43
広汎性発達障害　36
肛門期　19
五感　108
心の花束　115
心の問題　8
　「──」を判定する規準　8
心の理論　57
個人カウンセリング　12
誤信念課題　57
子育て支援　120
誇大妄想　29
古典的条件付け　23
言葉の花束　115
子ども会　125
コミュニティ心理学　15

さ

催眠治療　17

差別　9, 102, 103
産後うつ病　30
シェアリング(sharing)　114
シェイピング　24
CSR(Center for Studies of Person)　22
ジェンドリン(Gendlin, E.T.)　112, 117
視覚的断崖　52
自己愛性人格障害　32
自己一致(純粋性)　22, 113
思考吸入　29
思考奪取　29
自己中心性　56
自殺　39
　──念慮　82
思春期　121
　──グループ　121
　──やせ症　36
肢体不自由児　37
質的研究　135
実念論　56
質問　80
質問紙調査　128
児童虐待　34
児童養護施設　122
自閉　29
　──性障害児　57
社会的学習理論(モデリング)　23
社会的参照　52
社会的微笑　50
重回帰分析　131
終結　76
集合性-生活者パラダイム　4
自由連想法　19
主訴　77
守秘義務　82
受容　78, 79
　──的態度　78
受理面接(インテーク面接)　10, 75
馴化　49
障害者施設　122, 123
情動脱力発作　66

少年団　125
少年犯罪　39, 43
心因性　30
　　──うつ病　28
人格障害　30
心気症　28
神経症　27
神経性大食症　36
神経性無食欲性　36
人工論　56
心身症　33
身体的虐待　35
心的外傷後ストレス障害（PTSD）　34, 43
心理検査　77
心理査定　10
心理相談センター　75
心理的虐待　35
心療内科　76
心理療法の三大学派　43
推測統計　131
睡眠時無呼吸症候群　66
睡眠障害　30
スキナー（Skinner, B.F.）　23
Statistical Rarity　8
ストレングス　5
生育歴　77
生活技能訓練　24
性器期　19
正規分布　130
税金　102
精神科　76
精神病　29
精神分析　17, 43
成長モデル　43
性的外傷体験　18
性的虐待　35
生徒指導　39
青年会議所　125
脊椎性小児まひ（ポリオ）　37
摂食障害　35
説明責任　129

ゼミ　103
セルフヘルプ・グループ（自助グループ）
　　5, 13, 103, 121, 125
セルフモニタリング　24
前額法　19
潜在的可能性　22
全数調査　130
前操作段階　55
選択的微笑　50
潜伏期　19
専門家　21
躁うつ病　30
早朝覚醒　30
躁病　30
相貌失認　70

た
第一種の誤り　133
体験課題　107
体験的な学習　107
対象の永続性　51
第二種の誤り　133
男根期　19
断酒会　121
地域性　15
地下鉄サリン事件　34
遅刻　83
知的障害　36
注意の共有　52
治療モデル　43
治療歴　77
DSM-Ⅳ　31
ディスカッション　102
DV（Domestic Violence）　34
ディベイト　102
Deviation from an Ideal　9
転移　18
転換ヒステリー　28
トイレットトレーニング　19
道具的条件づけ　23
統合失調症　29

146 索引

頭足人　55
独笑　29
トライアルカウンセリング　97

な

内因性　30
内言　59
ナルコレプシー　66
喃語　50
乳児院　122
乳幼児突然死症候群　66
人間関係研究会　99, 107
認知症（痴呆）　38
寝椅子　19
ネグレクト　35
ネット症候群　39
ネットワーク　120, 125
脳血管性痴呆　38
脳波　65
ノーマライゼーション　123
Norm Violation　8
野口三千三　109
ノンパラメトリック検定　129
ノンレム睡眠　65

は

Personal Discomfort　8
パーソンセンタード・アプローチ　22
パス解析　129
発達障害　36
パニック　27
　──障害　27
パブロフ（Pavlov, I.P.）　23
半構造化面接　136
反射　49
反社会性人格障害　32
阪神大震災　34
汎心論　56
半側空間無視　67
バンデューラ（Bandura, A）　23
反応妨害法　24

ピアジェ（Piaget, J.）　55, 56
被害妄想　29
非言語的　14, 100, 101, 113, 114
非指示的療法　20
ヒステリー症状　17
必要十分3条件　22
人見知り　51
描画　13, 100
表現技法　100, 101
病態水準　77
標本　129
　──調査　129
病理モデル　43
ファシリテーター　121
不安階層表　24
不安喚起場面　24
不安神経症　27
フィールドワーク　135
風土　15
フォーカシング　99, 112
不登校　39
不眠症　66
ブラインドウォーク　108
フリースクール　121, 122
プレイセラピー　12
ブロイアー（Breuer, J.）　17
フロイト（Freud, S.）　17
プロセス　75
プロンプティング　24
雰囲気　15, 100, 113, 117
分散分析　129
分裂病型人格障害　31
分裂病質人格障害　31
平板化した感情　29
母集団　129
ボランティア　101
　──活動　101
　──派遣　124

ま

マイノリティ（少数者）　103

マスコミ　40
マタニティーブルー　30
麻薬　39
Maladaptive Behavior　8
丸のファンファーレ　55
Music Focusing（音楽フォーカシング）　112
無意識　18
無作為抽出　129
無条件の肯定的関心　22
メディア　43
面接予約　75
盲視　69
妄想性人格障害　31
モデリング　24

や
薬物　29
指さし　52
夢フォーカシング　117
夢分析　117
陽性症状　29

予約制　75

ら
ラ・ホイア　22
来談者中心療法　20, 43
離婚　122
離人神経症　28
療育センター　123
リラクセーション　109
臨床教育学　39
臨床心理学　39
　──援助　11
臨床心理士　14, 97
レム睡眠　65
恋愛妄想　29
ロールプレイ　97
ロジャーズ（Rogers, C.R.）　20, 99

わ
ワークショップ　99

著者紹介

中田行重(なかた　ゆきしげ)
関西大学文学部教授。臨床心理学，人間性心理学専攻。1961年生まれ。九州大学大学院教育学研究科博士後期課程修了。博士（学術）。臨床心理士。著書に『問題意識性を目標とするファシリテーション』（関西大学出版会，2005年）『現代のエスプリ別冊ロジャース学派の現在』（共著，至文堂，2003年）『コミュニティ・アプローチ特論』（共著，日本放送出版協会，2003年）『生活に活かす心理学Ver.2』（共著，ナカニシヤ出版，2002年）『パーソンセンタード・アプローチ』（共著，ナカニシヤ出版，1999年）『現代のエスプリ382 フォーカシング』（共著，至文堂，1999年）など。

串崎真志(くしざき　まさし)
関西大学文学部助教授。臨床心理学，児童心理学専攻。1970年生まれ。大阪大学大学院人間科学研究科博士後期課程修了。総合研究大学院大学文化科学研究科博士後期課程中途退学。博士（人間科学）。著訳書に『ソンディ・テスト入門』（共編著，ナカニシヤ出版，2004年）『大学生論』（共著，ナカニシヤ出版，2002年）『心理学者，大学教育への挑戦』（分担執筆，ナカニシヤ出版，2005年）『短期遊戯療法の実際』（共訳，創元社，2004年）『絆を深める親子遊び』（単訳，風間書房，2004年）『悩みとつきあおう』（岩波書店，2004年）など。

地域実践心理学
支えあいの臨床心理学へ向けて

2005年3月20日　初版第1刷発行
2006年8月10日　初版第2刷発行

定価はカヴァーに表示してあります

著　者　中田行重
　　　　串崎真志
出版者　中西健夫
出版社　株式会社ナカニシヤ出版
　　　　〒606-8161 京都市左京区一乗寺木ノ本町15番地
　　　　　　　Telephone　075-723-0111
　　　　　　　Facsimile　075-723-0095
　　　　　Website　http://www.nakanishiya.co.jp/
　　　　　Email　iihon-ippai@nakanishiya.co.jp
　　　　　　　郵便振替　01030-0-13128

装丁　白沢　正／印刷　ファインワークス／製本　兼文堂
Copyright © 2005 by Yukishige Nakata & Masashi Kushizaki.
Printed in Japan.
ISBN4-88848-925-4